HANS PUTTNIES

GARY SMITH

miniana

ANABAS
VERLAG
GIESSEN
1991

HERAUSGEGEBEN VOM WERKBUND-ARCHIV
IM ZUSAMMEMHANG MIT DER AUSSTELLUNG
»BUCKLICHT MÄNNLEIN UND ENGEL DER GESCHICHTE.
WALTER BENJAMIN, THEORETIKER DER MODERNE«,
MARTIN-GROPIUS-BAU, BERLIN,
28. 12. 1990 – 28. 4. 1991.

WERKBUND-ARCHIV
MUSEUM DER ALLTAGSKULTUR DES 20. JAHRHUNDERTS
STRESEMANNSTRASSE 110
1000 BERLIN 61

DAS WERKBUND-ARCHIV BERLIN E.V. DANKT DER
SENATSVERWALTUNG FÜR KULTURELLE ANGELEGENHEITEN
BERLIN FÜR DIE FÖRDERUNG
UND DER DEUTSCHEN KLASSENLOTTERIE BERLIN
FÜR DIE FINANZIERUNG DER AUSSTELLUNG.

»BENJAMINIANA«
WERKBUND-ARCHIV BAND 22

LEKTORAT: GÜNTER KÄMPF
DESIGN: HANS PUTTNIES
LAYOUT: HANS PUTTNIES UND
               ANGELIKA WEITH-JOHNSON
SATZ: FOCUS FOTOSATZ, GIESSEN
DRUCK: WETZLARDRUCK, WETZLAR
BINDUNG: BRÜHLSCHE UNIVERSITÄTSDRUCKEREI,
               GIESSEN

ERSTE AUSGABE
© ANABAS-VERLAG, UNTERER HARDTHOF, 6300 GIESSEN
ALLE RECHTE VORBEHALTEN.
COPYRIGHT FÜR DIE BILDER »ANGELUS NOVUS« UND
»VORFÜHRUNG DES WUNDERS« VON PAUL KLEE:
VG BILD-KUNST, BONN, 1991 UND COSMOPRESS, GENF.
FÜR DAS BILD »DIE SCHIFFSPASSAGE NACH AMERIKA«
VON EL LISSITZKY: VG BILD-KUNST, BONN, 1991.
ISBN 3-87038-159-0

CIP-TITELAUFNAHME DER DEUTSCHEN BIBLIOTHEK

BENJAMINIANA : EINE BIOGRAFISCHE RECHERCHE ; [IM
ZUSAMMENHANG MIT DER AUSSTELLUNG »BUCKLICHT MÄNNLEIN UND
ENGEL DER GESCHICHTE, WALTER BENJAMIN, THEORETIKER DER
MODERNE« IM WERKBUNDARCHIV, MARTIN-GROPIUS-BAU, BERLIN,
28.12.90 – 28.4.91] / [WERKBUND-ARCHIV, MUSEUM DER
ALLTAGSKULTUR DES 20. JAHRHUNDERTS]. HANS PUTTNIES ; GARY
SMITH. - 1. AUFL. - GIESSEN : ANABAS-VERL., 1991
    (WERKBUND-ARCHIV ; BD. 22)
    ISBN 3-87038-159-0
NE: PUTTNIES, HANS; SMITH, GARY; WERKBUND-ARCHIV <BERLIN,
    WEST>: WERKBUND-ARCHIV

I N H A L T

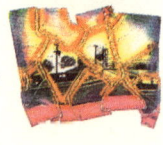

ERSTES
KAPITEL

GERMAINE KRULL: WALTER
BENJAMIN, PARIS 1927. SAMM-
LUNG GARY SMITH, BERLIN

PRIVATISSIMUM

SKIZZEN ZU BENJAMINS
UNBEKANNTEM CHARAKTER

B erühmtheit ist ein rächender Biograph. Sie schneidet das Leben unter dem Vorwand der Größe aus und rahmt zur Ikone, was schon als Skizze verworfen war. Benjamin gleicht darin heute allen anderen Kultbildern. Wir wollen mit den folgenden Zeugen auch gar nicht die Liturgie um ihn stören; es gibt schlechtere Heilige. Wir fragen nur nach seinem wahren Charakter. Wenige Menschen, die Benjamin nahe standen, haben den Versuch gemacht, sein Werk nicht aus dem mißglückten Leben, sondern aus einer Grundkonstellation seines Wesens abzuleiten. Beginnen wir mit einer überpointierten Bilanz. Ein enttäuschter Jugendfreund, H. W. Belmore, schrieb sie aus der Entfernung eines halben Jahrhunderts an Benjamins lebenslangen Vertrauten, Gershom Scholem.

»Merkwürdig« aber war, wenn man's überlegt, Walters Leben und Laufbahn. Die gewaltsame Abtrennung von Jugend & Jugendfreunden; die verfehlte Verlobung mit Grete Radt; die noch verfehltere Heirat mit einer Frau wie Dora; der Verzicht auf Bern; sein Widerwille gegen jeden Beruf & der Wunsch, zeitlebens von seines Vaters Geld zu leben; die Scheidung; der Hereinfall (Verrat hab ich's genannt) auf den Marxismus – alles nicht nur Fehler, sondern ganz grundlegende, schicksalhafte Fehler. Er war instinktlos aber nicht willenlos. Sie und ich & einige andere wissen, daß er ein Genie war, oder sagen wir eine Art Genie; aber: wie es der Welt beweisen? Das Lebenswerk, das

MERKWÜRDIG
W. H. Belmore, Brief an Gershom Scholem vom 31. Januar 1962. Nachlaß Gershom Scholem, The Jewish National and University Library, Jerusalem (im folgenden zitiert als »Nachlaß Scholem«.)

seiner würdig wäre, fehlt durchaus. […] Die Aphorismen & übrigen Werke sind halt nicht genug für einen großen Namen – ich sage es aus enttäuschter Liebe. Mir hat Walter in der Jugend unendlich viel bedeutet & und ich werde ihm immer dankbar sein für das, was er mir gab & wovon ich noch heute zehre. Nicht ohne Kummer habe ich gesehen, wie er sich, in gewisser Weise, dämonisch zu Grunde richtete. Stilistisch war er, wie Sie mit Recht sagen, ein Meister, aber leider sind Stellen, wie ich deren eine an den Pranger stellte, durchaus nicht selten, keineswegs gelegentliche Entgleisungen – ich könnte ohne Mühe Dutzende zusammenstellen, eine ganze Anthologie. Auch hier, wie zu erwarten, ein Sprung im Glas, denn wenn etwas im Innern verkehrt ist, zeigt es sich früher oder später verräterisch in der Sprache.

Die Zweifel, die der späte Belmore in ein harmonisches Benjamin-Bild setzte, hatten für ihn in der Jugend noch einen anderen Grund: den egozentrischen Idealismus, den er selbst teilte. Ein halbes Jahr nach dem Zerwürfnis mit Benjamin schrieb er im Dezember 1917 eine seltsam retrospektive Betrachtung über seine Generation ins Tagebuch.

Ich dachte an unsere Jugend in Berlin und wie stark in ihr der Wille zum Dienen, zur verantwortungsvollen Hingabe lebte. Hofmannsthals Gedicht »Der Jüngling in der Landschaft« drückte unser Fühlen aus. Wo ist es geblieben? So stark wie damals die Sehnsucht, sich an ein Höheres hinzugeben und dienend mit allen Kräften, die wir stark in uns wußten, in ihm aufzugehen, ist jetzt der Wille, sich zu behaupten und gegen die Umwelt – gegen alle Welt – sich durchzusetzen. Ich glaube, die Sehnsucht von damals ist der Wille von heute. Wir fanden nichts, dem unser reines Wollen sich hätte hingeben können, ohne unterzugehen in kleinerer Wirklichkeit. Nirgends werden reine Kräfte verlangt, kaum irgendwo nur geduldet. Keine Gemeinschaft gibt es,

AN DEN PRANGER
»Doch keine Denkart ist verhängnisvoller als die, welche selbst dasjenige, was dem Mythos entwachsen begonnen, verwirrend in denselben zurückbiegt, und die freilich durch die eben hiermit aufgedrungene Versenkung ins Monströse alsbald jeden Verstand gewarnt hätte, dem nicht der Aufenthalt in der Wildnis der Tropen eben recht ist, in einem Urwald, wo sich die Worte als plappernde Affen von Bombast zu Bombast schwingen, um nur den Grund nicht berühren zu müssen, der es verrät, daß sie nicht stehn können, nämlich den logos, wo sie stehen und Rede stehn sollten.«
Diesen Satz Benjamins aus dem »Wahlverwandtschaften«-Essay (Gesammelte Schriften, I, 163) zitiert Belmore in seiner ersten publizierten Arbeit über Benjamin in der Zeitschrift »German Life and Letters« (NF 15, 1962, S. 309 – 313).

keinen Glauben, keinen Gottesdienst, kein Werk: so erfuhren wir die Welt. Uns blieb nichts, als ihre Gemeinheit gegenüber uns selbst zu erhalten. An Scheinwerte uns zu verschwenden, wäre Verrat gewesen. Die höchste Wirklichkeit – und unserer Jugend zugleich die fernste – war unser eigenes Sein. Hier kristallisierten sich unsere Kräfte, wurden hart und spitzig. Aber innen lebt noch die alte Sehnsucht und quält uns. Vor der Sinnlosigkeit der Verschwendung unseres Wertvollsten bewahrt uns unsere Schwäche und unser besseres Wissen; aber unsere Stärke und unser Nicht-Wissen, nach innen verbannt, rufen noch oft.

Walter Benjamin war die Erstarrung am leichtesten, und bei ihm hat sie sich, den bösen Instinkten in ihm gehorchend, so gründlich vollzogen, daß er sich nie wieder lösen wird. Ihm wurde die Zeit, der er sich überhoben glaubte, zum Schicksal. Franz, weich und jung geblieben, verschwendet sich und wird sich bald ausgegeben haben; denn die Dinge, die er erwählte, geben nichts zurück. An Willi Wolfradt trat die Versuchung nie heran. Nur die Gestorbenen haben sich gerettet. Wir einsamen, Überlebenden, warten.

Belmore entwarf dieses Generationsbild nach dem Zeitgefühl, das der kleine literarische Kreis pflegte, dem er und Benjamin angehörten. Man las mit verteilten Rollen und schrieb pathetische Jugendprogramme. Belmore, der damals noch Herbert Blumenthal hieß, sollte mehrmals in seinem Leben den eigenen Kurs ändern, bis er im Alter ganz zur Literatur zurückfand. Er war eine schillernde Person, in Hopetown, Südafrika, geboren und in England und Deutschland aufgewachsen.

ICH DACHTE
Herbert Blumenthal, Unveröffentlichte
Aufzeichnung vom 28.
Dezember 1917. Nachlaß
Scholem.

ANONYM: H. W. BELMORE,
UM 1923. SAMMLUNG M. P.
BELMORE, ERLANGEN

Mit Benjamin verband ihn seit der Berliner Schulzeit eine intime Freundschaft, die bis in die Studienjahre reichte. Ihre Intensität kann man in Benjamins Briefen spüren, und vielleicht geht das Zerwürfnis, das beide seit 1917 unversöhnlich trennte, gerade auf diese leidenschaftliche Gemeinschaft zurück: sie überlebte nicht die Verbindung, die Benjamin zu Dora Pollak und Blumenthal zu Carla Seligson einging.

Belmore wurde Innenarchitekt in London, Manager und Antiquar in Rom, und er zog sich bei Ausbruch des Zweiten Weltkriegs auf die Position eines Oberbibliothekars der Universität Southampton zurück. Hier verfaßte er auch seine späte Magisterarbeit über »Rilke's Craftsmanship«, eine sehr klar geschriebene Analyse des dichterischen Handwerks, die 1954 erschien und sein einziges Buch blieb. Erst als er mit seiner zweiten Frau Ende der fünfziger Jahre wieder in Rom lebte, wurde er als Übersetzer und Essayist sichtbar. Er war der Einzige, der dem beginnenden Kult um Walter Benjamin mit einer ebenso kritischen wie authentischen Stimme entgegentrat.

Es ging ihm dabei wohl nie darum, das Genie des Freundes zu schmälern; Belmore wollte nur mit britischem common sense die menschlichen Grenzen Benjamins in seinem Werk abstecken und damit dessen wahre Dimension benennen. Er war davon überzeugt, daß Benjamins Charakter seinem Schreiben entgegenstand und ein eigentliches Hauptwerk verhindert hat. Die Momentaufnahmen, mit denen er diese These illustriert, ragen noch immer unvergilbt - und doch wie Lesezeichen - aus den großen Hagiographien heraus.

GISELE FREUND: WALTER BENJAMIN
VOR DER ABBAYE DE PONTIGNY ALS
TEILNEHMER DER LITERARISCHEN
»DEKADEN« PAUL DESJARDINS, 1938

Bei einem Studententreffen sprach mich ein junges Mädchen, das ich kannte, auf »diesen dummen Herrn Benjamin« an. »Dumm? Aber er ist der brillanteste Mann, den ich kenne!« – »Natürlich ist er das«, antwortete sie ruhig, »aber haben Sie nie bemerkt, daß er dumm ist?« Sie meinte damit, daß Walter Benjamin, der keineswegs frei von Instinkten und Gefühlen war, alles Leben und Handeln allein durch den Geist wahrnehmen wollte. Zugegeben, sein Intellekt war immens und außerdem nicht analytisch wie der von Shaw und Bertrand Russell – er war ein eigentümlich starker, visionärer Kopf, und deshalb so profund; ein Kopf, der ganze Gedankenfolgen übersprang, um durch Inspiration direkt zu einem Denkbild zu gelangen. Aber wenn er sich gefühlsmäßig band, konnte ihn dieser Geist genauso wie Shaw, Russell und andere Aufklärer täuschen, und er war dann ebenso eigensinnig und verbohrt wie sie, sogar ziemlich einfältig, wie seine Bekehrung zum Marxismus (durch eine Frau) zeigt. [...]

Walter Benjamin war völlig egozentrisch, der absolute, also naive Egoist, und diese Qualität, gepaart mit einem gewissen Mangel an gesundem Menschenverstand, bildet das Zentrum seines Scheiterns. Ohne diese Beschränkungen hätte er leicht eine Figur von europäischem Rang werden können.

Noch am Ende seines Lebens, in einem der letzten Briefe an Scholem, hat Belmore das Rätsel Benjamins in dem Gegensatz sehen wollen, der zwischen einer menschenfernen Ideenwelt und der egozentrischen Lebensführung ihres Helden bestand.

Walter hatte einfach die Pflicht, so früh wie möglich ins akademische Leben einzutreten, wo er seine Gaben aufs Erfreulichste hätte entwickeln können. Es hätte gewisse Schwierigkeiten mit sich gebracht – wir wollen sie nicht Opfer nennen – wie Vorbereitung der Kollegs, Umgang mit Kollegen, Beratung der Studenten, gewisse Aufgaben der

BEI EINEM STUDENTENTREFFEN
H. W. Belmore, »Walter Benjamin«,
German Life and Letters, NF 15
(1962), S. 309 – 311.

WALTER HATTE
H. W. Belmore, Brief an Gershom
Scholem vom 25. März 1977. Nachlaß
Scholem.

Verwaltung. es war auch seine Pflicht, sich beizeiten eine unabhängige wirtschaftliche Grundlage zu schaffen. All das, was Adorno, Panofsky und viele andere getan haben, hat er versäumt, ohne daß seine Entwicklung dadurch gefördert worden wäre, im Gegenteil. Er wollte ein Kritiker sein, aber es scheint, daß er in dieser Hinsicht mit seiner Bewertung von Heinles Gedichten versagt hat. Natürlich kann ein Kritiker sich irren, aber für Walter war dies eine zentrale Angelegenheit, mit der er sich bis an sein Lebensende herumgeschleppt hat ohne irgend jemand zur Schätzung von Heinles Gedichten zu bekehren.

Zeit seines Lebens hatte er etwas von einem verwöhnten Kind, ja sogar vom Charme des verwöhnten Kindes, dem man wegen seiner Egozentrizität nicht böse sein kann – aber schickt sich das für einen Philosophen? [...] Walter wußte im Grunde nichts von Menschen, er lebte in Ideen, die oft falsch waren. Noch heute, nach so vielen Jahren, kann ich ihm seine Abkehrung von den Freunden der Jugend nicht verzeihen, die, ganz abgesehen von der Herzlosigkeit, auch eine seiner vielen Lebensdummheiten war.

»Die Großstadtjugend endlich war es, die den Mut zum Protest fand; sie war in allen Stücken freier, sie ließ sich nicht länger unterdrücken und schrie dem Philister die Wahrheit ins Gesicht, wie stark und gesund, wie unzerstörbar ihr Triebleben sei. [. . .] Wir haben den Eros; aber Eros selbst ist ja nicht schön, er liebt jedoch das Schöne und sucht es zu schaffen. Unser Postulat ist durchgesetzt; es bleibt uns das Eigentliche, die Kulturaufgabe noch zu tun: das Schöne zu schaffen als eine Form unserer Liebe. Oder besser: unsere Erotik soll ein Werkzeug werden der Schönheit, die ein Ausdruck ist des Guten und der Wahrheit.« Herbert Blumenthal, »Jugendliche Erotik«, Der Anfang 1, Heft 6 (Oktober 1913/14), S. 166 –169.

ANONYM: PHILIPP KELLER, 1912.
WIDMUNGSFOTOGRAFIE
FÜR WALTER
HASENCLEVER. DEUTSCHES
LITERATURARCHIV, MARBACH A.N.

So sehr sich der Charakter einem Freund erschließt, so sehr kann auch bereits die Wahl des Freundes ein Charakteristikum sein. Die von Belmore erwähnte Beziehung Benjamins zu dem jungen C. F. Heinle war schon den Zeitzeugen auffällig genug, um als ein Zugang zu Benjamins Wesen gedeutet zu werden. Die Spannung, die zwischen der trivialen Qualität von Heinles Gedichten und der herausragenden Schönheit seiner Gesichtszüge bestand, wurde von Benjamin blind verklärt: er versuchte alles, um den bewunderten jüngeren Freund auch literarisch salonfähig zu machen. Niemand war bereit, ihm darin zu folgen, und so endete der putschartige Versuch, gemeinsam Redaktion und Verlag des »Anfangs« zu übernehmen, in einem kleinen literarischen Skandal, der Heinles Namen desavouierte. Als Fritz Heinle sich im August 1914 gemeinsam mit Erika Seligson das Leben nahm, gleichzeitig mit dem Kriegsausbruch, wurde der Neunzehnjährige zur romantischen Dichterlegende.

Walter aber scheint die Lehre von einem Lehrer tradiert worden zu sein, nämlich seinem toten Freunde. An ihm sah er, was das Wesen von Jugend ist; an ihm auch sah er, wie Jugend stirbt. Es ist ja unbegreiflich, ungeheuer, wie Walter Benjamin den Tod seines Freundes überleben konnte. Daß er es vermocht hat, seine eigene Jugend – dies erste Wunder – aufzugeben und doch mit ihrer [...] Idee [...] weiterzuleben, macht mich sprachlos.

PUTSCHARTIGER VERSUCH
Eine bissige Notiz von Franz Pfemfert, dem Verleger des »Anfangs«, gab den Lesern der »Aktion« Einblick in den Versuch, der von Simon Guttmann und Heinle getragen worden war. Die Aktion, 4. Jg., Nr. 12 (21, März 1914, Sp. 164 [d. . 264].

WALTER ABER
Gerhard Scholem, Unveröffentlichte Tagebuchnotiz vom 23. August 1916. Nachlaß Scholem.

Benjamin selbst steigerte sich über dreiundsiebzig Sonette in eine shakespeare'sche Verewigung des Freundes hinein. Der plötzliche Tod hatte die Auseinandersetzung unterbrochen, die andere Freunde aus der Jugendbewegung schmerzlich bis hin zu abrupten Trennungen erfuhren. Gershom Scholem tröstete später Herbert Belmore in einem Brief mit der Erinnerung an Freundschaftsbrüche, die eine ähnliche Signatur trugen.

Es war mir immer merkwürdig, mit welcher Entschiedenheit er in den Jahren des ersten Weltkrieges, als ich überaus eng mit ihm umging und auch anderthalb Jahre mit ihm zusammen in der Schweiz gelebt habe, von allen persönliche Beziehungen, die er vor Kriegsanbruch gehabt hatte, außer der zu seiner Frau, abzurücken bestrebt war. Verstanden habe ich es nicht, und Fragen darüber pflegte er mit dem Satz abzuweisen, er wolle darüber mit mir reden, wenn wir beide alte Leute seien. Übrigens lernte ich ihn gerade während der Zeit seiner Verlobung mit Grete Radt kennen, die ich aber nur einmal gesehen habe. Dann war eines Tages plötzlich der Verlobungsring von seiner Hand verschwunden, and that was that.

»Es liegt in kühlen Kissen
Gelagert über Zeit
Im wiegenden Gewissen
Qual oder Tat bereit.«

Fritz Heinle, Lied.
Komponiert von Ernst
Schoen, 1932.
Unveröffentlichte
Partitur. Nachlaß
Scholem, London.

ES WAR MIR
Gershom Scholem, Brief an
Herbert Belmore vom 2. November
1961. Nachlaß Scholem.

Über den toten C. F. Heinle schrieb
Walter Benjamin an Florens
Christian
Rang: »Was ich verlor, das zu
ermessen, kennst Du mein
vergangnes Leben genau genug. Er
und sein Bruder waren die
schönsten
Jünglinge, die ich gekannt habe.«
Brief vom 4. Februar 1923. Briefe,
S. 298.

ANONYM: C. F. HEINLE,
1912. SAMMLUNG WOHLFARTH,
FRANKFURT A.M.

Es gab noch andere irritierende Anzeichen, die Benjamins Wesen in ein merkwürdiges Licht stellten. Sie erlaubten es freilich dem jeweils engsten Freund, seine Nähe zu Walter durch Hilfestellungen deutlich zu machen. Ein Beispiel aus der Frühzeit ist Gerhard Scholems Interpretation eines mysteriösen Briefs, den Benjamin an Werner Kraft schrieb, einen Freund, der in der Beziehungshierarchie niedriger einzustufen war – und dies auch durch sein Unverständnis des Schreibens bewiesen hatte.

Walter Benjamin ist in allen Dingen, die ganz persönliche oder auch politische Angelegenheiten betreffen, von ungewöhnlicher Vorsicht. Als ich ganz plötzlich eingezogen war, und er nach der Schweiz ging, wünschte er (so denke ich mir die Sache), mir eine Möglichkeit anzudeuten, auch unter den jetzt obwaltenden Umständen – die eine Erörterung vieler mich persönlich berührender Angelegenheiten bis zum äußersten erschweren – eine Verständigung zwischen uns herbeizuführen. Er hatte sich hierfür einen bestimmten Plan gemacht. Wie nun sollte er ihn viel anders zu meiner Kenntnis bringen, als auf dem Wege, den er gewählt hat?

Er konnte an Sie oder an eine Bekannte von mir schreiben. Er wählte also Sie. Mir direkt den Brief mit den notwendigen Angaben zu schicken, ging nicht an der großen Gefahr wegen, daß er in falsche Hände hier beim Militär geraten könnte. Ebenso wollte er auch Ihnen nicht *direkt* schreiben, daher wählte er eben die Ihnen so rätselhafte äußere Form einer Erörterung gewisser merkwürdiger Dinge aus der Kriminalliteratur; und schrieb natürlich so, daß jeder etwaige unbefugte Leser denken mußte, Sie seien in lebhafter Korrespondenz über diese Fragen begriffen, ohne jede Nebenabsicht. Zugleich aber machte er Ihnen selbst die Andeutung der Lösung des Rätsels, indem er Ihnen gleich am Anfang des Briefes, den er noch dazu aus bestimmten Gründen (die ich mir ebenfalls würde erklären können) von Dora Benjamin schreiben ließ, mitteilte, Sie möchten *mir* den Brief schicken, ich »interessiere mich sehr für Ricarda Huch«. Nun ist weder von

WALTER BENJAMIN IST
Gerhard Scholem, Brief an Werner
Kraft vom 14. Juli 1917. In: Gershom
Scholem, Briefe an Werner Kraft, hrsg.
von Werner Kraft. Frankfurt a. M.
1986, S. 13 –14.

ALFRED COHN:
ERNST SCHOEN UND JULA
COHN, UM 1915. SAMMLUNG
WERKBUND-ARCHIV, BERLIN

Ricarda Huch die Rede darin (was *Sie* ja sehen mußten), noch interessiere ich mich besonders für R.H. (was Sie natürlich nicht zu wissen brauchten, was aber wiederum ein Fingerzeig für *mich* war!); also war zu erwarten, daß Sie den Brief an mich ahnend weiterleiten würden, und es war auf diesem Transport (und hier erst recht nicht, denn der Brief war ja nur mit dem *Vornamen* unterzeichnet; auch ein Fingerzeig!) nichts mehr zu befürchten.

So verhielt sich meiner Auffassung nach die Sache. Walter Benjamin ist also mit großer Vor- und Umsicht vorgegangen, und ich hoffe, daß meine Verteidigung ungefähr das Richtige treffen wird. Sie sehen, daß er offenbar aus den Kriminalromanen gelernt hat, wie man es anfangen muß. Daß vielleicht das Ergebnis die große aufgewandte Mühe und Ihre Überraschung nicht verdiente, ist möglich, aber wer kann das jetzt schon beurteilen?

ERNST SCHOEN: ALFRED COHN, UM 1915.
SAMMLUNG WERKBUND-ARCHIV, BERLIN

Mit der Ausnahme seiner Frau, der ein eigenes Kapitel dieses Buchs gewidmet ist, sind aus Benjamins Familie keine Skizzen zu seinem Charakterbild bekannt geworden. Die unvollständige Spur, die Erwin Levy, ein entfernter Cousin, zur Krankheitsgeschichte des Clans legt, bleibt freilich nicht der einzige Hinweis auf Benjamins lebenslängliche Depression. Scholem spricht wiederholt von ihr, und die wiederkehrenden Selbstmordpläne, Abschiedsbriefe und Testamentsentwürfe zeugen indirekt von ihrer drückenden Präsenz.
Ich erinnere mich aus eigener Erfahrung, daß es eine Phase in seinem Leben gab – ich weiß nicht mehr den genauen Zeitpunkt – in der er seine Stimme verloren hatte und nur flüsternd sprach. Offensichtlich hielt dieser Zustand nicht sehr lange an. Heute würde er wahrscheinlich als »Aphonie« diagnostiziert, ein hysterischer Konversations-Defekt. (Ich bin Psychiater.) Ich meine mich zu erinnern, daß er eine sehr nervöse Person war – wie auch andere Mitglieder seiner Familie väterlicherseits, in der Depressionen nicht ungewöhnlich waren. (Die Schwester seines Vaters, meine Großmutter, beging Selbstmord. Ihre Mutter, meine Urgroßmutter Brunella Benjamin, wurde über neunzig Jahre alt und war am Ende eine sehr mißtrauische Person – wahrscheinlich aufgrund ihrer zunehmenden Taubheit.) Ich erinnere mich an ein Gespräch mit Walter Benjamin, in dem meine Berufswahl erörtert wurde. Eingeführt durch einen angeheirateten Onkel (der mit einer Schwester meiner Mutter verheiratet war), Prof. William Stern, (der später in die USA emigrierte und an der Duke University lehrte), hatte auch ich Philosophie und Psychologie studieren wollen. Benjamin erwähnt ihn in einem seiner Briefe als seinen »Vetter«, aber er war nur ein angeheirateter Vetter. In diesem Gespräch versicherte er – Benjamin – mir, daß »Medizin eine sehr philosophische Berufung« sei.

ICH ERINNERE MICH
  Erwin Levy, Brief an Gary Smith
  vom 16. März 1891.

WALTER BENJAMIN

GUSTAV WYNEKEN

OSTERN 1906.

ANNY UND LILY RICHTER:
DIE SCHÜLER UND LEHRER DES LAND-
ERZIEHUNGSHEIMS HAUBINDA AM
SCHULJAHRESABSCHLUSS OSTERN
1906. SAMMLUNG WILFRIEDE ANDRE

ANONYM: KURT HILLER, 1917.
WIDMUNGSFOTOGRAFIE FÜR
LUDWIG MEIDNER. DEUTSCHES
LITERATURARCHIV, MARBACH
A.N.

Benjamins erste öffentliche Wirkung war die eines Studentenführers, und es gibt keinen Zweifel daran, daß seine Erscheinung polarisierend wirkte. Wenn man diese ersten Eindrücke zu einem Panorama formiert, stoßen die Bilder wie in einem Paravent fast rechtwinklig aufeinander. Kurt Hillers hartes Porträt überrascht aber selbst dann noch durch den Begriff des »Bösen«. Beide gingen nur eine sehr kurze Zweckgemeinschaft ein, als Benjamin einen Essay zu Hillers Antikriegsjahrbuch »Das Ziel« beisteuerte. Hiller verzieh Benjamin nie den Rückzug in die rein literarische Revolution des Denkens. Er selbst blieb ein Aktivist des linken Flügels, und seine Bedeutung als Schriftsteller beschränkt sich heute auf seine doppelbändige Autobiographie.

Walter Benjamin war *böse* (eine Kategorie, die für mich keinen irgend mystischen Sinn, sondern eine quasi sinnlich-apperzeptibel-empirische Realität hat: ich teile längst, einfach aufgrund der *Wahrnehmung*, die Menschen in »böse«, »gute« und sub ea specie indifferente ein). [...] Benjamin hat nie einen Satz geschrieben, der nicht auf bestimmte Weise klug und zuinnerst verlogen gewesen wäre... Zu den paar mir wirklich kernhaft verhaßten Prosaleuten gehörte *er*.

WALTER BENJAMIN WAR »BÖSE«
Kurt Hiller Brief an
Erwin Loewenson vom 5.
April 1945. Deutsches
Literaturarchiv,
Marbach a. N.

»Leitstern aller künftigen Politik muß die Unantastbarkeit des Lebens sein. [...] Der politische Rat geistiger Arbeiter kämpft daher vor allem gegen die Unterdrückung der Arbeiter durch das kapitalistische System. Er will persönliche Freiheit und soziale Gerechtigkeit. [...] Freiheit des Geschlechtslebens in den Grenzen der Verpflichtung, den Willen Widerstrebender zu achten und die Unerfahrenheit Jugendlicher zu schützen.« Leitsätze des »Bundes zum Ziel«, August 1917. Kurt Hiller, Leben gegen die Zeit, Hamburg 1969, S. 122 f.
    Die Verschränkung von Politik und Sexualität in Hillers Arbeit geht auf sein für die Zeit ungewöhnlich explizites Engagement in homosexuellen Fragen zurück; vgl. Kurt Hiller, »Wo bleibt der homoerotische Roman?«, in: Jahrbuch für sexuelle Zwischenstufen, Bd. 14, 1914, S. 338 ff.

Ganz anders das Urteil von Ernst Joël, einem sozial-engagierten und äußerst redebegabten Studentenführer, der gelegentlich als Antipode Benjamins auftrat. Joël wurde Arzt, Fachmann für Drogen, und unter seiner Anleitung erlebte Benjamin die ersten Haschisch-Rauschzustände. Hier steht Joël vor einer Zusammenarbeit mit Martin Buber, den er über seine eigene benjaminisch gefärbte Seite aufklärte, im Augenblick, als beide eine rein geistig beherrschte neue Hochschule begründen wollten.

Das war mein erster Einwand gegen Benjamin: warum schreibst Du im »Merkur«, gehst Du zu Diskussionen etc. Dennoch: der Mann hat eine unglaubliche Kraft über mich. Ich habe nicht vermocht, seinen Brief noch einmal zu lesen. Ich weiß, daß ich damit sehr Unvorteilhaftes über mich sage. Da Sie aber mit mir zusammenarbeiten werden, liegt mir daran, Sie gerade über diese Seite nicht im Unklaren zu lassen. Sie spielt eine große Rolle.

Distanzierter schildert Felix Noeggerath die Teilnahme Benjamins an einem Privatissimum in der eleganten Wohnung des Ethnografen und Sprachforschers Walter Lehmann. Es war ein illustrer Kreis, der sich da mitten im Weltkrieg dem salonartigen Studium von Maya-Hieroglyphen hingab und Humboldts Einleitung zur Kavi-Sprache diskutierte. Benjamin bewunderte damals die genialische Universalbildung des um sieben Jahre älteren Noeggerath, eines Manns, der das Kunststück fertigbrachte,

Ich lernte ihn wohl während des Ersten Weltkrieges als Teilnehmer an Seminarübungen bei Professor Moritz Geiger in München kennen. Gleichzeitig hörten wir ein Privatissimum über Maja-Texte bei Walter Lehmann, der später als Nachfolger von Von den Steinen und Leiter der Amerika-Abteilung des Museums für Völkerkunde nach Berlin gekommen ist. An diesem Privatissimum nahm übrigens, meiner *dem Reich Georges und der Münchner Räterepublik nahezustehen.*

ANTIPODE
Auf dem 14. Deutschen Freistudententag in Weimar 1914 sprachen Benjamin und Joël aus unterschiedlichen Positionen heraus über die neue Hochschule. Vgl. Göttinger Akademische Wochenschau, 10. Jg., Nr. 5 (12. Juni 1914), S. 52.

DAS WAR MEIN
Ernst Joël, Brief an Martin Buber vom 5. Februar 1916. Nachlaß Buber, The Jewish National and University Library, Jerusalem.

»Ich persönlich kann mir eine Hochschulgemeinschaft nur zwischen Lehrern und jungen Männern vorstellen und zwar ist das nicht eine angelernte Haltung, sondern eine mir notwendige. Durch eine einzige Frau schon würde die ungebrochene Herbheit, die Straffheit, das Helle, Fahnenhafte, alles das, was sich bei mir mit Front, Schreiten, Phalanx assoziiert, alles das würde doch erheblich abgebogen werden.« Ernst Joël, Brief an Martin Buber vom 11. März 1916. Martin Buber, Briefwechsel aus sieben Jahrzehnten, Bd. 1, Heidelberg 1972, S. 420 f.

ICH LERNTE
Felix Noeggerath, Brief an Theodor W. Adorno vom 8. Dezember 1953. Nachlaß Noeggerath, München.

ANONYM: WALTER LEHMANN
AM ARBEITSTISCH IM
KÖNIGLICHEN
ETHNOLOGISCHEN MUSEUM
MÜNCHEN, 1914. SAMMLUNG
IBERO-AMERIKANISCHES
INSTITUT, BERLIN

Anregung folgend, auch Rilke teil. Ich sehe uns noch dasitzen, über über mexikanische Bilderhandschriften gebeugt: eine Brille, ein Kneifer, ein Monokel und ein Lorgnon. Das Lorgnon war Rilke.

Mit Benjamin bin ich dann später wieder, Ende der zwanziger Jahre, in Berlin zusammengetroffen. Um mich den mir zugedachten Ovationen zu entziehen, ging ich 1932 nach Ibiza und habe Benjamin veranlaßt, mir dorthin zu folgen. Seine Berliner Wohnung hatte er, leider auf mein Anraten, an einen Herrn Pootmann vermietet, der sich später als Hochstapler herausstellte und der uns beide empfindlich geschädigt hat. Dort unten auf den Balearen lernte Benjamin dann Jean Selz kennen. Sie haben viel zusammen gearbeitet, und Selz hat sich mit großer Hingabe der schweren und nicht immer lösbaren

»Kultur ist schöpferisch, Zivilisation ist erschöpft. Die erste ist produktiv, die andere überwiegend reproduktiv. [. . .] Diesem näherzukommen ist schließlich, über historische und ethnographische Untersuchungen hinaus, Aufgabe der Philosophie. Das Rätsel wurzelt in der Seele.« Wilhelm Lehmann, Altmexikanische Kunstgeschichte, Berlin o. J., S. 5.

Aufgabe unterzogen, die Benjaminschen Texte unter seiner Leitung und in der strengen Wörtlichkeit, wie er sie verlangte, in lesbares Französisch zu übertragen. Späterhin ist dann eine leichte Entfremdung zwischen den beiden eingetreten, über deren Ursache sich Selz auch heute noch im Unklaren ist. Ich glaube, die besondere Art dafür verantwortlich machen zu müssen, wie Benjamin sich auch seinen Freunden gegenüber zu reservieren pflegte. Wenn dann diese Distanz aus irgendwelchen Gründen einmal nicht mehr durchaus gewahrt werden konnte, und wenn er gar darüber sein Gesicht zu verlieren fürchtete, so zog er sich auf Nimmerwiedersehen in sich zurück.

ANONYM: »DIES DIE TERRASSE DES BESAGTEN HAUSES MIT M. SELZ UND EINEM STÜCK SEINER FRAU«. WIDMUNGSFOTOGRAFIE VON WALTER BENJAMIN FÜR EGON WISSING. JEAN SELZ, WALTER BENJAMIN UND FELIX NOEGGERATH AUF IBIZA, 1933. SAMMLUNG WERKBUND-ARCHIV, BERLIN

Von Friedrich Podszus stammt die erste biographische Skizze Benjamins, die bei aller Lakonie doch aus dem persönlichen Umgang entwickelt war, den Podszus im Berlin der zwanziger Jahre mit Benjamin und – wie die Scheidungsurkunde es weiß – auch mit seiner Frau pflegte. Sein Porträt schloß die erste Ausgabe der »Schriften« ab, die Podszus als Lektor betreut hatte. In diesem Brief von 1947, der an den Dichter Wilhelm Lehmann gerichtet ist, spricht er unter dem Eindruck der Nachricht von Benjamins Tod. Sie erreichte die Freunde, die in Deutschland geblieben waren, erst nach dem Krieg.

Doch zu Walter Benjamin zurück! Ihnen darf ich doch sagen, daß ich ihn geliebt habe, daß ich ihm (so störrisch und ungelehrig, wie ich um die zwanzig herum war) viel, viel verdanke, daß er zu den Menschen gehört, die mir auch heute noch auf die Finger schauen – und zu den paradiesischen Freuden, die ich Tumber mir ersehne, gehört die, daß ich in seine bis in den letzten Winkel von Geist durchdrungene Behausung eintreten darf, um mit ihm über die großen und kleinen »pleasures of life« zu sprechen. Welch ein Krösus! Welch gültige Leidenschaft noch im Irren! Wie schön in verschwiegener Sehnsucht und im großen Harm über die mißratene Seite der Schöpfung! Unter den wenigen Habseligkeiten, die mir erhalten geblieben sind, ist eine Büste, die eine gemeinsame Freundin, Jula Radt, von mir als Jüngling gemacht hat. Als ich einmal sagte, daß ich es wohl doch nicht wäre, meinte er: »Doch, doch, ja, es ist Ihr Thema!« Mein Thema? Ich würde gerne von ihm hören, ob ich es erfülle.

Fast familiär war die Beziehung zu Fritz Radt, dem Chemiker, wenn auch der folgende Brief die private Vernetzung der Charaktere nur im Ton verrät. Er ist an Jula Cohn gerichtet, die von Benjamin geliebte Schwester seines Freunds Alfred Cohn. Sie sollte bald darauf Fritz Radts Frau werden, während Radts Schwester Grete – mit Benjamin zwischenzeitlich verlobt – Alfred Cohn heiratete. In diesem realen Essay zu den »Wahlverwandtschaften« blieben die Männer lebenslang befreundet. Radts Schilderung einer Straßenszene mit Benjamin gibt einen der seltenen Einblicke in die Alltagswelt, die bei den literarischen Freunden Benjamins fast ausnahmslos überhöht wird.

DOCH ZU WALTER
Friedrich Podszus, Brief an Wilhelm Lehmann vom 4. März 1947. Deutsches Literaturarchiv, Marbach a. N.

BENJAMINS TOD
»Als die traurige Nachricht kam, fiel mir in bestürzender Folge so vieles ein: unsere Spaziergänge in Heidelberg 1919; die Berliner Stube in der Lietzenburger Straße mit Großmutter und Mutter; Walter Benjamin und seine Aura; wenn ich ihn in Wolffs Telegraphenbüro abholte; mein Besuch in Frankfurt 1930 . . .«. Friedrich Podszus, Brief an die Gräfin Johanna Rogendorf von Mollenburg vom 15. Dezember 1960. Sammlung Gräfin Rogendorf, London.

REGISTRO CIVIL DE ....   DISTRITO DE ....

Número _25.–_

NOMBRE Y APELLIDOS

Walter Dr.
Benjamín

En _Port-Bou, provincia de_ .... (1)
Gerona ...., a las _catorce_ y _quince_
.... minutos del _veintiséis_ de _Septiembre_ de mil
novecientos _cuarenta_ , ante D. _Fernando Pastor_
Nieto , Juez municipal ...., y D. _José_
Ruíz Granés , Secretario ....
se procede a inscribir la defunción de D. _Benjamín_
Walter Dr. , de edad _cuarenta y ocho_
años , natural de (2) _Berlín (Alemania)_
.... , hijo de D. ....
.... y de Doña ....
.... , domiciliado en .... de ....
.... núm. ...., piso ...., de profesión _Dr._
y de estado (3) _casado con Dora Kellner_
....
....

falleció en _Fonda de Francia, de esta_ (4) el día _veintiséis_
del actual , a las _veintidós horas_ .... minutos, a
consecuencia de (5) _hemorragia cerebral_
......................, según resulta de _su certificación facultativa_
y reconocimiento practicado, y su cadáver habrá de recibir sepultura en el
Cementerio de _esta localidad_
   Esta inscripción se practica en virtud de _diligencias pre-_
ventivas de abintestato
....

consignándose además (8) _si había otorgado testamento,_
se ignora
habiéndola presenciado como testigos, D. _Santiago Sanz_
Sanz y D. _Julio Oliver Campos_ ,
mayores de edad y vecinos de _esta localidad_
....

   Leída esta acta, se sella con el del Juzgado y la firman el señor Juez, los
testigos (9) ....
de que certifico. (10)

Ich war eben mit Walter B. zusammen. Ich traf ihn mittags auf dem Kurfürstendamm, er hatte Zeit, wir gingen ins Romanische Café. Er erzählte mir viel von Italien und gab mir gute Ratschläge für Neapel, Capri, Rom usw. Es ist nicht ausgeschlossen, daß er im Herbst mit Ernst sich dort trifft. Daß Du auch dort hinkommst, habe ich ihm nicht erzählt. Für Dich gab er mir einen Sonderdruck der »Wahlverwandtschaften« mit einer schriftlichen Widmung. Im Herbst sollen sie als Buch erscheinen, dann wird die Widmung gedruckt! In 14 Tagen ungefähr wird er nach Frankfurt fahren – die Habilitationsfrage schwebt noch. Berlin ist auch für ihn die einzige Stadt in Deutschland, in der man leben kann; von den Chocolate Kiddies war er auch begeistert, im absoluten Film hat er uns gesehen. Fand den Film von Picabia, den ich in Paris gesehen hatte, am besten, im übrigen aber amerikanische Groteskfilme doch noch besser. In 8 bis 10 Tagen erscheint in der Frankfurter Zeitung ein Artikel von ihm über Neapel; vom August ab gibt Rowohlt eine literarische Zeitschrift heraus, in der W. B. französische Bücher besprechen und Muri-Aufsätze bringen wird – das ist eine kurze Zusammenfassung unserer Unterhaltung. Er sieht wohl aus und hat kein Geld. Wenn ich mehr über Italien wissen will, soll ich ihn nur fragen; einen Gruß an seinen Wirt in Capri hatte er mir aufgetragen, dessen 14jährige Tochter soll eines der schönsten Mädchen sein.

Ein noch genaueres Gelegenheitsporträt entwirft der Schweizer Redakteur Max Rychner nach einem Geschäftsessen mit Benjamin im November 1931. Die beiden hatten in der Nähe der Straße Unter den Linden ein kleines Lokal aufgesucht, als Benjamin seinen Gast

ICH WAR EBEN
Fritz Radt, Brief an Jula Cohn vom 13. Juni 1925. Nachlaß Scholem.

DASS DU AUCH DORT
»Möglicherweise verlebe ich [meinen Geburtstag] sogar allein, weil eines von Walters Schiffen am Montag gerade fährt. Doch ist er immer noch unentschieden. Wir vertragen uns gut. Ungefähr so: vormittags arbeitet er, dann vor Tisch sehen wir uns einen Augenblick. Dann erst wieder um halb fünf meist im »Hiddigeigei«, um nicht »Kater« zu sagen. Von dort aus gehen wir spazieren, bummeln, oder er liest mir vor. Abends spielen wir 66, was ich gelernt habe. Es ist sehr hübsch, manchmal überrasche ich ihn auch bei sich.« Jula Cohn, Brief aus Capri an Fritz Radt vom 15. Oktober 1925. Nachlaß Scholem.

durch ein unverhofftes Zögern an der Kasse erstaunte. Die Szene
erinnert an ähnliche Schwierigkeiten beim Begleichen von Schul-
den, die Benjamins Freunde und seine Frau belegen. Die Schönheit,
die Rychner dem peinlichen Moment abgewinnt, erspart uns in
glücklicher Weise seine banale psychologische Deutung.

Ich hatte das schwere Haupt des Gegenübers betrachtet und kam von
der Betrachtung nicht los, von den hinter der Brille wohlverschanzten
Augen, wenig sichtbar, die immer wieder zu erwachen schienen, vom
Schnurrbart, der den jugendlichen Zug des Gesichts zu dementieren
hatte und wie zwei kleine Flaggen wirkte, Hoheitsgebiet nicht recht
bekannt. [...] Wie wir das Lokal verließen, ging er an die Kasse beim
Ausgang. Dort legte er seine Brieftasche hin – eine Brieftasche, wie ich
noch keine gesehen hatte, noch habe: sie war beinahe wurstförmig
vor Fülle an Geldscheinen. Er schlug sie auf, dann versank er in
Träumerei, betrachtete sie längere Zeit versonnen und begann in den
Banknoten zu blättern wie in einem Buch, nach hinten, wieder nach
vorn, unschlüssig und ohne die Hilfe eines Registers. Ich stand daneben, um dann als zweiter an die Reihe zu kommen (was er nicht
duldete), und war erstaunt über die Verkleidung, die bei ihm die
Armut angenommen hatte, erstaunt auch über diesen Kommunisten,
der sich da über jede Diskretion hinwegsetzte: dieses Unkleinliche,
überlegen Offene seines Gehabes gefiel mir, es war so gar nichts von
doktrinärem Duckmäusertum darin, von ängstlichem Wohlverhalten
auf dem hypnotischen Kreidestrich der Generallinie. Da lag die Brieftasche, vor der sich jeder Berliner Bankmagnat in ein Mauseloch hätte
verkriechen müssen. Mich stimmte sie heiter, doch ich wagte nicht,
etwas Scherzhaftes zu äußern; dazu schien mir mein Gastgeber ein zu
ernster Mensch, d.h. zu ausschließlich ernst.

ICH HATTE
Max Rychner, Brief an
Gershom Scholem vom 2. Mai
1960. Nachlaß Scholem.

»Wir gingen in jede Inszenierung von Max Reinhardt im Deutschen Theater. Die besten Plätze, die wir uns leisten konnten, lagen in der ersten Reihe auf dem obersten Rang. Sie waren rar, und um sie uns zu sichern, mußten wir sonntags morgens an der Kasse anstehen und dafür sehr früh die Bahn zur entfernten Karlstraße nehmen. Das machten wir abwechselnd. Als Walters Familie weit in den Grunewald hinauszog, war er befreit, und wir holten die Karten für ihn mit. Bei einem normalen Wesen hätte dies gelegentlich ein Dankeschön bewirkt. Nichts davon war hier zu erwarten; im Gegenteil, wir stießen stets auf die größten Schwierigkeiten beim Einsammeln der 3.50 Mark, die er uns schuldete: jeden Tag versprach er, am nächsten zu zahlen. Er war keineswegs knapp bei Kasse, und er konnte auch nicht von seinen Freunden erwarten, daß sie für ihn zahlten – er brachte es nur einfach nicht fertig, sich von der kleinen Summe zu trennen. [...] Einmal hatte er auch am Ende der Woche noch nicht bezahlt, und ich besorgte ihm deshalb keine Karte für Kleists ›Prinz von Homburg‹. Er wurde weiß vor Wut und mußte einen viel teureren Platz an der Abendkasse erstehen.« H. W. Bel-more, »Some Recollections of Walter Benjamin«, German Life and Letters 28, 2 (Januar 1975), S. 121.

Bei einer anderen Gelegenheit beobachtet Rychner einen Caféhauskampf, der zwischen Die beiden wiesen diskutierend gegenseitig mit ihren Pfeifen aufeinan-
Benjamin und der, wie mit Pistolen, die in verkehrter Richtung losgegangen waren
Ernst Bloch mit und am falschen Ende rauchten. Benjamin hatte etwas heiter Hochge-
rauchenden Waf- mutes an sich, während Blochs Gesicht blitzte und wetterte, wenn er
fen ausgetragen angriff, wo der andere gar nicht nötig fand, Truppen zu entfalten,
wurde. auch darum, weil ihm keine zur Hand waren. Der Philosoph der
Passages de Paris befand sich an jenem Abend in einer Impasse de
Berlin.

Man kennt die beiden hochwertigen Essays, die sich Benjamin und
Siegfried Kracauer wechselseitig beim Erscheinen ihrer ersten
Bücher schenkten. Vor ihnen muß die kritische Haltung der folgen-
den Aussage Kracauers überraschen. Sie geht auf das Vertrauens-
verhältnis zu ihrem einstigen Leser, dem jungen Freund Theodor
Wiesengrund, zurück. »Teddy« hatte »Friedel« in seinen Briefen
nach Berlin den Maßstab vorgegeben: intelligent und völlig unbe-
eindruckt von den Schreibstrategien Benjamins oder Blochs weist er
Kracauer wiederholt auf ihre königlichen Blößen hin. Liest man vor
dem Hintergrund dieser Briefstelle die Korrespondenz zwischen
Benjamin und Kracauer neu, so erscheint sie noch kalkulierter und
wesenloser als vorher. Es gibt in ihr über Jahre kaum ein Zeile Ben-
jamins, die nicht in falscher Bescheidenheit Kracauers Redakteurs-
position umschmeichelt, und auch die wenigen erhaltenen Antwor-
ten Kracauers sind von äußerster Vorsicht diktiert. Erst im Exil lok-
kert sich ihre maskenhaft schöne Konversation, und man spürt auf
einmal, was man schon immer geahnt hat: sie haben sich herzlich
wenig zu sagen.

DIE BEIDEN
  Max Ryncher, Brief an
Gershom Scholem vom 2. Mai
1960. Nachlaß Scholem.

VORGESTERN
  Siegfried Kracauer, Brief an Theodor
W. Adorno vom 20. April 1930. Deutsches
Literaturarchiv, Marbach a. N.

ANONYM: ERNST BLOCH,
MAILAND 1934. SAMMLUNG
WERKBUND-ARCHIV, BERLIN

Vorgestern war ich mit Benji zusammen. Er ist von Deinem Aufsatz
über Mahagonny sehr angetan; noch mehr von Brecht selber, dessen
soeben erschienene »Versuche« er kommentieren will. Ich sah in das
Buch bisher nur flüchtig hinein. Es enthält einige beachtliche Aphorismen in dunkler Führersprache. Das ist vielleicht sehr tief, aber demge
genüber steht folgende Aussage Benjis über ihn: Brecht verficht den
Satz, daß in der klassenlosen Gesellschaft der Einzelne arm, das
Ganze reich sein solle. Auf meine Frage, wer nun das Ganze repräsen-

VERSUCHE
    Der Geschlagene entrinnt nicht
    Der Weisheit.
    Halte dich fest und sinke! [. . .]
    Zu viel Gefragter
    Werde teilhaftig des unschätzbaren
    Unterricht der Masse:
    Beziehe den neuen Posten.
      Bertolt Brecht, »Fatzer, komm«,
    Versuche 1– 3, Berlin 1930, S. 34.

Benjamin kommentierte diese Stelle mit
dem tröstlichen Hinweis: »Der Mensch kann
im Hoffnungslosen leben, wenn er weiß,
wie er dahin gekommen ist. Dann kann er
darin leben, weil sein hoffnungsloses
Leben dann wichtig ist. Zugrunde gehen
heißt hier immer: auf den Grund der Dinge
gelangen.« »Aus dem Brecht-Kommentar«
(1930), Gesammelte Schriften, Bd. II,
S. 509.

tiere und die Gelder verwalte, erwiderte Benji: diese Frage zu beant-
worten würde Brecht vermutlich ablehnen. Was hilft aber eine Tiefe,
die so weit unterhalb liegt, daß sie nicht an die Oberfläche dringt.
Vielleicht komme ich einmal nächstens mit Brecht zusammen, ich
werde ihm dann jene Frage und noch andere stellen. Wenn es sich
lohnt. Ich bin im Gespräch kein dialektischer Mensch. Auch sagte
Benji noch, Brecht sei der Einzige, der seine Begabung am richtigen
Fleck ansetze. Kann sein; der Einzige bestimmt nicht. Aber Benji muß
das natürlich imponieren. Hast Du den ersten Abschnitt seines »Pariser Tagebuchs« in der Literarischen Welt gelesen? Du kennst freilich
die Fakten aus seiner mündlichen Erzählung. Er ist milder als sonst; es
geht ihm auch nicht gut; immer noch wegen der Auseinandersetzung
mit der Frau.

In der kleinen Miniatur, die Hermann Kesten schließlich zeichnet, kommt noch einmal die
Faszination und Bedauernswürdigkeit Benjamins an dem Nullpunkt zur Geltung, der
beide Eindrücke Ich lernte Walter Benjamin anfangs der dreißiger Jahre in Berlin
legitimiert: im kennen […] Er schien mir damals im persönlichen Gespräch insbe-
Exil seines sondere mit Gustav Kiepenheuer, sehr gescheit, umfassend gebildet
Lebens. und ungewöhnlich naiv. Ich traf ihn später wieder im Exil in Paris und
war im September 1939 mit ihm zusammen in dem gleichen Konzen-
trationslager an der Loire. Da hatte ich den größten Respekt vor
seiner großartigen und philosophischen Haltung. Er las mir auch in
Paris aus seinen neuen Arbeiten vor. Ich sah ihn zum letzten Mal auf
einer Bank auf einem stillen Platz in Paris, er hatte mich angerufen, er
wolle mich dringend sprechen, aber nicht bei sich, nicht bei mir,
sondern an diesem neutralen Ort, und ich fand ihn da äußerst
bedrückt und verängstigt.

ICH LERNTE
Hermann Kesten, Brief an Gary Smith
vom 17. September 1981.

ZWEITES
KAPITEL

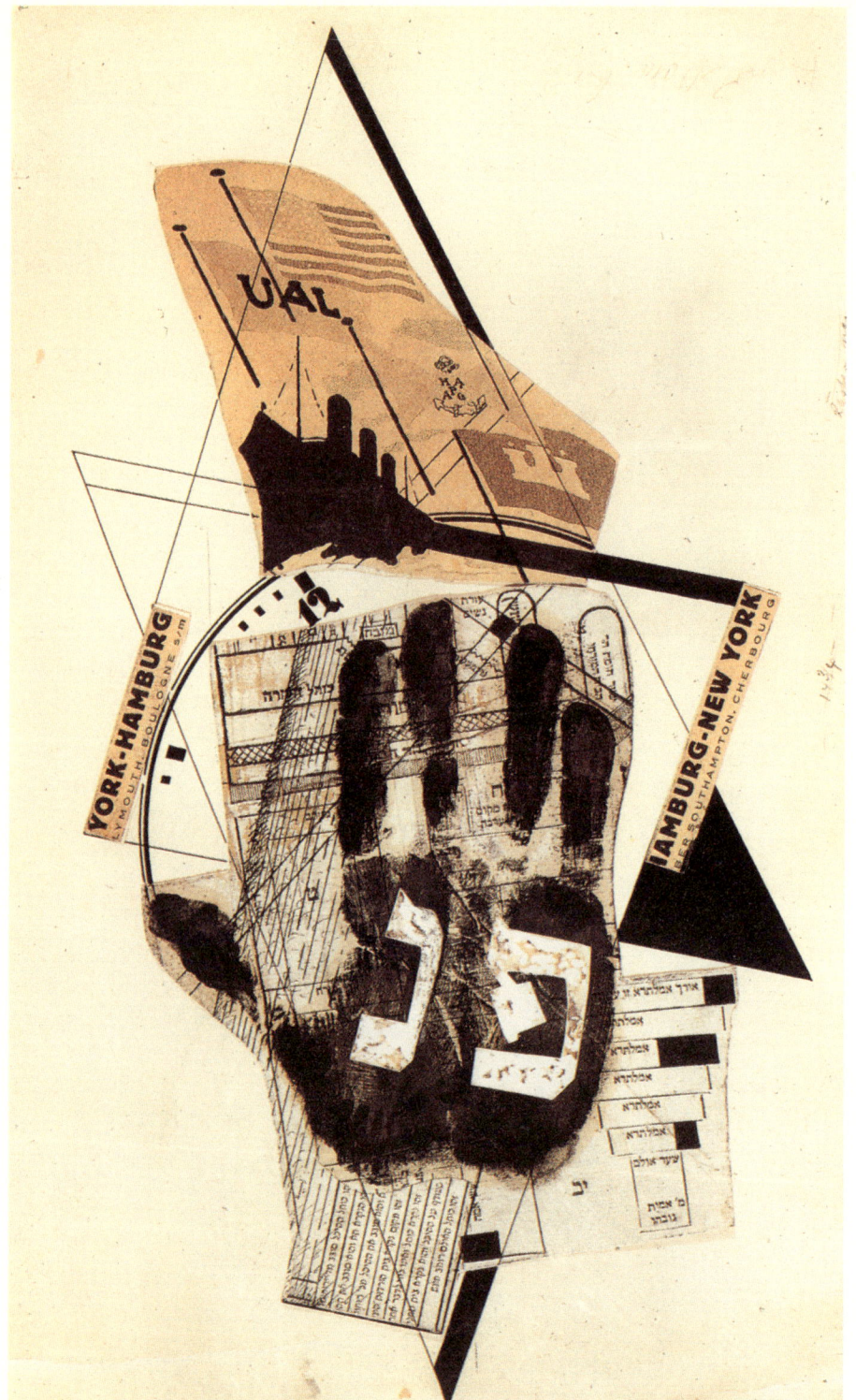

EL LISSITZKY: DIE SCHIFFSPASSAGE
NACH AMERIKA. ORIGINAL-
COLLAGE FÜR ILJA EHRENBURGS
»SECHS GESCHICHTEN MIT
LEICHTEM AUSGANG« (BERLIN
UND MOSKAU 1922). SAMMLUNG
BORIS UND LISA ARONSON

ZIONISMUS DES GEISTES

ZWISCHEN DEUTSCHTUM UND JÜDISCHER ESOTERIK

J üdischkeit, wie sie jeder Bar Mizwa kennen sollte, wurde für Benjamin erst mit zwanzig Jahren zur Aufgabe. In einem Seebad in Pommern begann er im Sommer 1912 mit zwei jüdischen Freunden ein Gespräch, das sich in langen Briefen fortsetzte. Es kreiste um eine Artikelfolge im »Kunstwart«, die eine öffentliche Debatte zur jüdischen Identität ausgelöst hatte. Die Freunde, mit denen er nun in Stolpmünde die Ferien verbrachte und über Zionismus diskutierte, gehörten wie er zu den ausgesprochen assimilierten jüdischen Familien. Franz Sachs war sein Mitschüler am Kaiser-Friedrich-Gymnasium. Er bildete mit Benjamin, Blumenthal und anderen einen dramatischen Lesekreis und wurde bald in der Berliner Jugendbewegung aktiv. Sachs schlug später die bürgerliche Karriere eines Juristen am Frankfurter Appellationsgericht ein, bevor er sich 1935 nach Johannesburg rettete. Sein lebenslanger Freund Kurt Tuchler nahm schon 1912 eine wesentlich entschiedenere Position ein. Er gehörte in diesem Jahr zu den Mitbegründern der jüdischen Jugendorganisation »Blau-Weiß«, blieb bis 1937 in Deutschland aktiv als Zionist tätig und prägte dann in Palästina die Arbeit des zionistischen

Weltkongresses. Bis zur Machtergreifung Richter am Berliner Amts-
gericht, wurde er in Tel Aviv Mitinhaber einer Privatbank. Seine
Erinnerung an die Tage in Stolpmünde schrieb er für Gershom Scho-
lem auf, der in den sechziger Jahren begann, Benjamins Spur auch
aus den Zeugnissen seiner Zeitgenossen zu rekonstruieren.

Sie erwecken in mir die Erinnerung an eine der merkwürdigsten
Begegnungen meines Lebens, die mit Walter Benjamin. Er war eigentlich der Einzige, der gegenüber der eindeutigen, von früher Jugend an
bis jetzt verfolgten Richtung meines Lebens, gewissermaßen mit
einem Wegweiser erschien, der in eine ganz andere Richtung deutete.
Ich bin am 11.12.1894 in Stolp in Pommern geboren und habe das
dortige humanistische Gymnasium besucht. Franz Sachs, der in
Berlin wohnte und das Kaiser Friedrich-Gymnasium besuchte, kam
häufig nach Stolp und Stolpmünde, wo er nahe Verwandte hatte.
Durch ihn, der mein bester Freund wurde und noch ist, lernte ich den
Kreis um Wyneken, die freie Schulgemeinde, den »Anfang« kennen
und hörte viel von seinem Schulfreund Walter Benjamin. Ich war an
diesem Kreis und diesen Menschen auch deshalb interessiert, weil ich
in meiner Heimat keinen jüdischen Mitschüler hatte.

Franz Sachs brachte dann in den Sommerferien (Sie erinnern mich
daran, daß es das Jahr 1912 war) Walter Benjamin mit nach Stolpmünde. Während dieser ganzen Sommerferien war ich täglich, um
nicht zu sagen stündlich, mit Benjamin zusammen, und wir hatten
einen unerschöpflichen Gesprächsstoff. Ich versuchte, Benjamin in
meinen zionistischen Vorstellungskreis einzuführen, und hatte das
Gefühl, daß ihm die Idee des Zionismus erstmalig nahegebracht
wurde. Er versuchte seinerseits, mich in seinen Gedankenkreis zu
ziehen, vor allem aber, mich zu überzeugen, daß ich nicht, wie ich es

SIE ERWECKEN
Kurt Tuchler, Brief an Gershom Scholem
vom 26. Februar 1963. Nachlaß Scholem.

damals schon beabsichtigte, in eine Verbindung eintreten dürfe. Er legte mir nahe, »frei« zu bleiben und mich ihm persönlich anzuschließen. Es war wirklich ein Ringen um beiderseits tief begründete Anschauungen, aber auch um den richtigen Lebensweg.

Der richtige jüdische Lebensweg, das war auch das eigentliche Thema eines literarischen Wortwechsels, der im März des gleichen Jahres unvermittelt begann. Ein junger Autor, Moritz Goldstein, der bis dahin nur die verborgene Existenz eines Lektors der »Goldenen Klassiker Bibliothek« geführt hatte, trat in der renommierten nationaldeutschen Zeitschrift »Kunstwart« mit einem Essay hervor, der zum ersten Mal die Selbstzweifel der jüdischen Intelligenz programmatisch formulierte.

»Der Jude in der deutschen Literatur«, das ist eines von den allerheikelsten Dingen, die nicht in den Mund genommen werden dürfen, will man sich nicht heillos kompromittieren. [...] Auch ich wünschte, daß wir unsere schmutzige Wäsche im eigenen Hause waschen könnten. Aber wir haben kein eigenes Haus. Es gibt keine jüdische Öffentlichkeit; es ist in Deutschland, überhaupt in Westeuropa nicht möglich, zur Gesamtheit der Juden als Juden zu sprechen, soviel wir auch über uns sprechen lassen müssen. [...]

E. M. LILIEN: DIE SCHÖPFUNG DER WELT. ILLUSTRATION ZU: ÜBERLIEFERUNG UND GESETZ. DAS FÜNFBUCH MOSE UND DAS BUCH JOSUA NACH DER ÜBERSETZUNG VON RFUSS. BERLIN UND WIEN 1923, S. 31

DER JUDE
Moritz Goldstein, »Deutsch-Jüdischer Parnaß«,
Der Kunstwart, 25, Heft 11 (1. Märzheft 1912),
S. 281–283, 286 f., 291 f.

Und so stehen wir denn jetzt vor dem Problem: Wir Juden verwalten den geistigen Besitz eines Volkes, das uns die Berechtigung und die Fähigkeit dazu abspricht. [...] Wir Juden, unter uns, mögen den Eindruck haben, als sprächen wir als Deutsche zu Deutschen – wir haben den Eindruck. Aber mögen wir uns immerhin ganz deutsch fühlen, die andern fühlen uns ganz undeutsch. Wir mögen nun Max Reinhardt heißen und die Bühne zu ungeahntem Aufschwung beflügeln oder als Hugo von Hofmannsthal einen neuen poetischen Stil an Stelle des verbrauchten Schillerschen führen: wir mögen das deutsch nennen, die andern nennen es jüdisch, sie hören das »Asiatische« heraus, sie vermissen das »germanische Gemüt«, und wenn sie schon die Leistung – mit Vorbehalten – anerkennen müssen, sie wünschten, wir leisteten weniger. [...]

Wir können unsre Gegner leicht ad absurdum führen und ihnen zeigen, daß ihre Feindschaft unbegründet ist. Was ist damit bewiesen? Daß ihr Haß echt ist. [...] Wenn wir mit endlich erwachtem Mannesstolze dem deutschen Volke, das uns nicht mag, den Rücken kehren wollten: könnten wir je aufhören, zum größeren Teil Deutsche zu sein? [...]

Der deutsche Frühling ist auch uns ein Frühling, wie der deutsche Winter unser Winter war, und gegen diesen seit unzähligen Generationen miterlebten Wechsel der Jahreszeiten, was bedeutet unserm Herzen der östlich blaue Himmel, unter dem Palmen, Zedern und Oliven gedeihen? Ein Wunder allenfalls. Sind wir nicht aufgewachsen mit dem deutschen Märchen? Haben wir nicht mit Rotkäppchen und Dornröschen gespielt, waren wir nicht betrübt über Schneewittchen und froh mit den sieben Zwergen? Lebt nicht auch uns der deutsche Wald, dürfen nicht auch wir seine Elfen und Gnomen erblicken, verstehen nicht auch wir das Rauschen des Baches und den Gesang der Vögel? [...]

Wir wollen das alles auch nicht aufgeben: es hieße, uns das Blut unsres Lebens abzapfen. Aber wir wollen zugleich nicht mehr um eine Gunst betteln, die man uns solange vorenthalten hat und, nach einer kurzen Epoche scheinbarer Versöhnung, von neuem vorenthält. Wir wollen nicht mehr Werte produzieren und uns immer dagegen sagen lassen, daß es Unwerte seien, die das Herrlich-Deutsche entstellen. Wir wollen nicht mehr unser Leben einsetzen für die Kultur eines Volkes, das unsre tätige Mitarbeit für jüdische Aufdringlichkeit erklärt. Wir wollen einem Lande, das uns soviel gegeben hat und dem wir dankbar seine Gaben doppelt und dreifach zu vergelten strebten,

»So erbte ich von meinem Vater den Stolz auf den Triumph, nach dem sich die besten Deutschen seit dem Fall des alten Reichs in napoleonischer Zeit gesehnt hatten. Vor meinen Augen stand das bombastische Monument jenes Sieges – die Siegessäule – die mit den vergoldeten Rohren französischer Kanonen und einer beflügelten Siegerin auf der Spitze geschmückt war. [...] Sie erschien mir, wie zahllosen Zeitgenossen, natürlich als mein innerstes Anliegen. Andererseits war ich mir der Tatsache sehr bewußt, ein Jude zu sein.« Moritz Goldstein, »German Jewry's Dilemma. The Story of Provocative Essay«, Leo Baeck Institute, Year Book II (1957), S. 240.

ANONYM: MORITZ GOLDSTEIN UND SEINE FRAU IM BELGISCHEN SEEBAD VENDEUN 1912. BILD-ARCHIV PREUSSISCHER KULTUR-BESITZ, BERLIN

nichts mehr aufdrängen, da es unsern Dank nicht mag. Unser Verhältnis zu Deutschland ist das einer unglücklichen Liebe: wir wollen endlich männlich genug sein, uns die Geliebte, statt ihr endlos kläglich nachzuschmachten, mit kräftigem Entschlusse aus dem Herzen zu reißen – und bliebe auch ein Stück Herz hängen.

ANONYM: LUDWIG STRAUSS. UM 1920. SAMMLUNG EMMANUEL STRAUSS, JERUSALEM

Die Aufforderung zum Rückzug aus der deutschen Kultur löste eine hochemotionale Debatte aus, an der sich viele Stimmen beteiligten, antisemitische eingeschlossen. Benjamin verfolgte die Artikelserie – auf die andere Zeitschriften reagierten – und er stieß dabei auf einen zionistischen Gegenredner, dessen dichterisches Werk er gerade durch seinen Freiburger Kommilitonen Philipp Keller kennenlernte. Ludwig Strauß, der damals unter dem Pseudonym Franz Quentin schrieb, gehörte zu Kellers und Hasenclevers Aachener Expressionistenkreis und sollte später – als er auch Martin Bubers Schwiegersohn geworden war – ein in seiner Parallelität seltenes lyrisches Œvre in deutscher und hebräischer Sprache verfassen.

»Sie würden mir übrigens eine große Freude machen, wenn Sie mir in einem Briefe ein oder das andere Ihrer Gedichte in Abschrift schickten. Besonders liebe ich ein Herbstlied, das Keller mir vorlas: ich erinnere mich nur an das Bild: ein Jüngling nimmt den Kranz vom Haupt.« Walter Benjamin, Brief an Ludwig Strauß vom 9. Januar 1913. Nachlaß Strauß, The Jewish National and University Library, Jerusalem.

In der zionistischen Bewegung ist immer mehr der Gedanke der nationalen Regeneration in den Vordergrund gerückt. Als unsere wichtigste Aufgabe für dieses Land erscheint uns, die wurzellose Judenheit Deutschlands wieder in den Boden jüdischen Geistes zu verwurzeln. Heute kämpfen viele deutsche Juden um eine Assimilation, die den meisten schon das eigene Wesen versagt – ganz abgesehen vom Willen des deutschen Volkes, dessen Angehörige Mischehen fast nur um wirtschaftlicher Vorteile willen eingehen. Es entstehen Zwittermenschen und eine Zwitterkultur voll innerster Unsicherheit und Haltlosigkeit. Wie tief mag wohl die nationale Gesinnung eines Mannes im Instinkt eines Mannes wurzeln, der das Verschwinden der Gemeinschaft, der er entstammt, begrüßt und befördert? Es ist notwendig, daß ein Sammelpunkt für jüdisches Geistesleben geschaffen werde. In der Arbeit bewußter Juden wird sich die Gestalt des jüdischen Geistes klarer und sicherer abzeichnen. [...] Ich glaube aus guten Gründen, daß die nationaljüdische Bewegung in Deutschland früher oder später alle Kraft an die Verbreitung der hebräischen Sprache wenden wird, denn nur sie wird fähig sein, uns unser Judentum vollends zur Wirklichkeit zu machen.

JUNGER JUDE DES ZWEITEN VOR-CHRISTLICHEN JAHRHUNDERTS. GRABBILDNIS AUS FAYUM. AUS: VELHAGEN & KLASINGS MONATS-HEFTE, 42. JG., 2 BD. (1928) S. 28

Bereits in seinem ersten Brief an Strauß ist sich der junge Benjamin der Tragweite der Fragen bewußt, die er mit ihm anschneidet. Nur im Dialog dieser Korrespondenz sucht er so ausgreifend wie engagiert seine geistige Stellung als Jude zu definieren. Es ist bezeichnend für die philologische Auseinandersetzung mit seinem Werk, daß der grundsätzliche Rang dieser Briefe für sie nie bestimmend wurde.

IN DER ZIONISTISCHEN
Franz Quentin [d. i. Ludwig Strauß], »Sprechsaal. Aussprache zur Judenfrage«, Der Kunstwart, 25, Heft 22 (2. Augustheft 1912), S. 243 f.

Nun komm und lausch mit mir nach innen, trinke mit meiner Reife Rausch!
Ich streife tief in Sinnen Dir die wilden Kränze still vom blonden Haupt.
Nur Deiner Stimme ruhiges Singen
Soll mit dem klaren Weinduft, Nacht und Sonne, Dämmerung in mein Zimmer bringen.
Ludwig Strauß, Herbstgesang für Philipp Keller, 1911.
Nachlaß Keller, Technische Hochschule Aachen

Die Art, wie der »Kunstwart« das Problem von der literarischen Seite angriff, war die glücklichste. Damit ist die Frage von vornherein auf die selbstverständliche, einzig würdige Formulierung nach dem Wert des jüdischen Geisteslebens gebracht worden. Man hat eine Basis gefunden, die mir sicherer scheint, als allgemeine kulturelle Betrachtungen, die zum Drittel der politische, zum Drittel der soziale und letztens vielleicht noch der rassenbiologische Gesichtspunkt beherrscht.

Im Künstlerischen fallen die Hypothesen, und gerade für die Judenfrage brauchen wir ein Gebiet, auf dem jüdischer Geist isoliert werden und sich in seiner Natur zeigen kann. Und daß jüdisches religiöses Leben, an das man außerdem denken möchte, nicht dazu taugt, ist klar. Der »Kunstwart« hat hier recht mit »Ausdruckskultur«. Deshalb stehe ich, was Ihren Plan einer Zeitschrift für jüdisches Geistesleben in deutscher Sprache betrifft, ganz auf Ihrer Seite. Nicht nur für die Judenfrage, für die Außenstehenden verspricht sie viel – ich glaube sie wird ganz Unvermutetes aus dem einzelnen Juden, aus der Judenschaft selbst heben.

Wenn wir zweiseitig, jüdisch und deutsch, sind, so waren wir doch bis jetzt mit all unserm Bejahen auf das Deutsche eingestellt; das Jüdische war vielleicht oft nur ein fremdländisches, südliches (schlimmer: sentimentales) Aroma, in unserer Produktion und in unserm Leben. Auch wird kein Einzelner, er sei denn Künstler, diese Zweiheit gleichmäßig in sich ausprägen. Aber man wird sie entdecken. »Juden und deutsche Liebe«, »Juden und Freundschaft«, »Die Juden und der

BRIEFBESCHWERER MIT DEM
NAMEN GOTTES IM DAVIDSTERN.
MURANO, UM 1900. SAMMLUNG
AARON SMITH, BERLIN

E. M. LILIEN: DAS GESETZ. ILLUSTRA-
TION ZU: ÜBERLIEFERUNG UND
GESETZ. DAS FÜNFBUCH MOSE
UND DAS BUCH JOSUA NACH DER
ÜBERSETZUNG VON REUSS. BERLIN
UND WIEN 1923, S. 442

Luxus«. Man wird die Literatenkreise und die jüdische Geldaristokra-
tie einmal vom Judentum aus sehen; bis jetzt sahen wir sie (ich rede
vom Allgemein-Bewußtsein, nicht von einzelnen Darstellern) immer
mit deutschen Augen.

Soweit sehe ich Festland des jüdischen Problems. Wie man von hier
zum Zionismus kommt, verstehe ich nicht. Man sieht eigenartige und
höchst wertvolle Kräfte in absehbarer Zeit (vielleicht in unabsehba-
rer, da wir mit russischer Einwanderung zu rechnen haben) durch
Assimilation verloren gehen. Also sieht man die einzige Rettung im
Judenstaate. Vielleicht wäre das anzunehmen, wenn man an die
osteuropäischen Juden denkt. Sie haben vielleicht so wenig sich zu
überlegen, wohin sie geraten werden, wie ein Mensch, der aus einem
brennenden Hause flüchtet.

Für die westeuropäische Judenheit liegt es nicht so. Man hat die
Möglichkeit, sie zum Selbstbewußtsein zu bringen, eben durch eine
Organisation jüdischen Geisteslebens in deutscher Sprache. Das
scheint mir bis jetzt der einzig gangbare Weg. Kennt man den jüdi-

DIE ART
Walter Benjamin, Brief an Ludwig Strauß
vom 11. September 1912. Nachlaß Strauß.

schen Geist, daß man auf ihm mehr als ein Notreich – ein Kulturreich
– aufbauen kann? Ganz allgemein: Was erwarten die Urteilsfähigen
von der künstlichen Entstehung eines Kulturstaates? Wie gedenkt
man die brennende Religionsfrage zwischen west- und osteuropäische
Juden zu regeln? Fürchtet man nicht Glaubenskriege? Ja, ist nicht die
Vereinigung zweier Kulturen wie der west- und ostjüdischen etwas
wie ein Salto mortale ins Natürliche, in das Chaos? Vielleicht können
nur Vorarbeiten, Experimente, wie die Ihrigen hier klären. Vielleicht
mag es Ihnen aus meinen Fragen schon hervorgehen – ich bemerke
immerhin, daß ich trotz vieler Beschäftigung mit zionistischen Proble-
men noch keine Zeit hatte, mir die Literatur vorzunehmen.

Ich denke noch an ein Zweites. Gerade die besten westeuropäischen
Juden sind nicht mehr frei als Juden. Sie können sich der jüdischen
Bewegung nur in dem Sinne anschließen, den Ihr Brief andeutet. Denn
sie sind an die literarische Bewegung gebunden. Der Begriff ist noch
zu eng gefaßt, obwohl er das Wesentlichste sagt. Sie sind dem Internationalismus verpflichtet. Ich bilde mir nicht ein, daß es ganz leicht sei,
die Werte des Internationalismus festzulegen. Oder vielmehr: ich
weiß: er ist kein Wert, sondern er zählt zu den Zielen, denen wir
unsere Arbeit weihen und die dadurch für die Späteren Werte werden.
Durch Sein oder Wollen sind heute gerade die Juden, soweit sie die
wissenschaftlich, literarisch und kommerziell Führenden sind, an den
Internationalismus gebunden.

*Mitten in diese Debatte um
Grundfragen einer jüdischen
Identität wirft Benjamin ein
wirklich überraschendes Argu-*

ANONYM: WALTER BENJAMIN ALS
STUDENT. 1912. WERKBUND
ARCHIV, BERLIN

*ment: er verknüpft seine geistige Entwicklung, die unter dem Ein-
fluß Gustav Wynekens stand, mit einer Ethik des Judentums. Die
Priorität, die er dabei der Wickersdorfer Gedankenwelt einräumt,
geht auf sein damals noch ungebrochenes Treueverhältnis zu ihrem*

»Diesem Eros des Mannes aber kommt eine Sehnsucht des Knaben
entgegen, mit derselben gleichsam naturgesetzlichen Notwendigkeit
und Stärke, die Sehnsucht, von einem bewunderten Manne geliebt zu
sein, ihm folgen, ihm angehören, an seinem Leben teilhaben zu
dürfen. [. . .] Da kann dem Knaben kein schöneres Glück, kein
größeres Heil widerfahren (die es erlebt haben, bezeugen es aus
tiefster Seele), als daß ihm der Mann begegnet, [. . .] der ihm
Symbol eines höheren göttlichen Lebens wird.« Gustav Wyneken,
Eros. Lauenburg/Elbe 1924, S. 48 f.

ANNY UND LILY RICHTER:
»RELIGIONSGESCHICHTE IM
HEIM«. HAUBINDA. AUS: HER-
MANN LIETZ, D.L.E.H. DIE DEUT-
SCHEN LANDERZIEHUNGS-HEIME.
GEDANKEN UND BILDER. LEIPZIG
1910, S. 70

Initiator zurück. Gustav Wyneken übte auf viele Söhne der jüdischen Oberschicht eine große Anziehungskraft aus. Seine These von der Befreiung der Jugend durch einen elitären – wenn auch erotisch geprägten – Lehrer-Schüler-Bund versprach mehr als eine geistige Heimat: eine neue Lebensform.

Sie fragen vielleicht, ob dem überhaupt noch etwas hinzuzufügen ist, ob damit meine Stellung zum Zionismus nicht bedingungslos bejahend bestimmt ist. Nein, es liegt für mich nicht so einfach. Daß ich den Zionismus anerkenne, ist nach dem Gesagten selbstverständlich. Ebenso, daß ich ihn, eben weil ich ihn anerkenne, in gewisser Weise unterstütze, d.h. ich werde einer deutschen zionistischen Organisation Beitrag zahlen. Aber damit allein erfüllt man nicht die Pflicht gegen eine Aufgabe, die die Persönlichkeit ergriffen hat. Und damit sage ich, daß der Zionismus mich persönlich nicht bestimmt, während ich vorher sagte, daß ich das Judentum als mein Kernhaftes empfinde. Ich sehe für den modernen westeuropäischen Nationaljuden zwei Wege: den Zionismus und einen anderen. Möglich, daß, indem ich Ihnen diesen Weg und die Notwendigkeit, die mich zu ihm führt, begreiflich mache, wir uns erstaunt als Weggenossen begrüßen.

SIE FRAGEN
Walter Benjamin, Brief an Ludwig Strauß
vom 10. Oktober 1912. Nachlaß Strauß.

Ich bin, wie ich Ihnen kaum zu sagen brauche, liberal erzogen worden. Mein entscheidendes geistiges Erlebnis hatte ich, bevor jemals das Judentum mir wichtig war. Was ich von ihm kannte war wirklich nur der Antisemitismus und eine unbestimmte Pietät. Als Religion war es mir fern, als Nationales unbekannt. Der entscheidende Einfluß war dieser: in einem Landerziehungsheim, in dem ich 1 3/4 wichtige Jahre zubrachte, war der spätere Gründer der freien Schulgemeinde Wickersdorf, Dr. Wyneken, mein Lehrer. Ein oder zwei Jahre später las ich die Programmschriften seiner Schule, die sich auf der hegelschen Philosophie aufbauen. Ich hatte inzwischen die Staatsschule gründlich kennengelernt, der Gegensatz ergriff mich heftig. Ich gründete in dieser Schule einen Freundeskreis, der Wynekens Ideen aufnahm und verbreitete, soweit das ging. Daß diese Ideen nicht dies und jenes waren, daß sie als Grundlagen der Grundlage (nämlich der Erziehung) nicht nur das reformsüchtige »Interesse«, vielmehr die Lebensrichtung geistig bestimmten, werden Sie verstehen. Ich habe 4-5 Jahre mich angesichts dieser Ideen (von denen ich Ihnen natürlich in der Kürze nur den Namen Hegel, als Programm, nicht als Dogma! nennen kann) entwickelt; diese Gedanken herrschen im Kreis meiner Berliner Freunde. »Die Besonnensten machen es

ANONYM: GUSTAV WYNEKEN SPRICHT ZUR JUGEND AUF DEM HOHEN MEISSNER 1913. IM VORDERGRUND DIE WEISSEN MÜTZEN WICKERSDORFER SCHÜLER. ARCHIV DER DEUTSCHEN JUGENDBEWEGUNG, BURG LUDWIGSTEIN

schon nicht mehr mit, daß man sich aus allen Zusammenhängen löst, um ganz frei zu arbeiten. Sie begreifen, daß zum Erreichen des Ziels es gut ist, sich der Herkunft und Gebundenheit zu erinnern und darin sich zu festigen.« Sie verstehen, daß auch ich mich aus meinem 4jährigen Gebundensein nicht lösen kann und will; aus diesen meinen festesten Zusammenhängen mit der Wickersdorfer Idee könnte ich mich nur unter Gefährdung alles dessen, was mir jetzt selbstverständlicher Besitz ist, lösen.

Also herrscht dieser Zusammenhang. Nur einer kann herrschen, jeder andere hat sich prüfen zu lassen, auch der jüdische. Diese Prüfung ergibt: Wo ich für den Wickersdorfer Gedanken warb, wo es sich um Menschen handelte, die nicht gönnerhaftes »Interesse«, sondern tätige Begeisterung, ferner Treue dieser Idee hielten, waren es allermeist Juden. Ich sehe an aufklärerischer, reformatorischer Arbeit, für die Wickersdorf mich grundlegend verpflichtet, zum großen Teil Juden wirken. Ich finde bei ihnen, um ganz ins Persönliche zu gehen, eine streng dualistische Lebensauffassung, die ich (nicht zufällig!) in mir und in der Wickersdorfer Anschauung vom Leben finde. Auch Buber spricht von diesem Dualismus.

Das alles ist mir in den letzten Monaten klar geworden. Von Wickersdorf aus, nicht spekulativ, nicht schlechthin gefühlsmäßig, sondern aus äußerer und innerer Erfahrung habe ich mein Judentum gefunden. Ich habe das, was mir in Ideen und Menschen das höchste war, als Jüdisches entdeckt. – Und um all das, was ich erkannte, auf eine Formel zu bringen: Ich bin Jude und wenn ich als bewußter Mensch lebe, lebe ich als bewußter Jude«.

AUCH BUBER SPRICHT
»Denn das ist die Natur und das Los des Judentums, daß sein Höchstes an sein Niederstes gebunden ist und sein Erlauchtes an sein Schändliches. [. . .] Kein anderes Volk hat so niederträchtige Spieler und Verräter, kein anderes Volk so erhabene Propheten und Erlöser hervorgebracht. [. . .] Keiner kann wie der Jude verstehen, was es heißt, durch sich selbst versucht zu werden; keiner hat solche Fülle der Anlage und solche Fülle der Hemmung wie der Jude.« Vgl. Martin Buber, Drei Reden über das Judentum, Frankfurt a. M. 1911, S. 37– 43.

»VON STUFE ZU STUFE«.
JÜDISCHER LEBENSKREIS ALS CHROMOLITHOGRAPHIE. UM 1905. SAMMLUNG AARON SMITH, BERLIN

ANONYM: WALTER BENJAMIN AM
ESSTISCH. UM 1932. PRIVATSAMM-
LUNG, TEL AVIV

In seinem dritten Grundsatzbrief an Ludwig Strauß nimmt Benjamin schließlich die Position ein, die seine Arbeit künftig bestimmt: das Jüdische sollte bei ihm nicht über eine zionistische Politik lebendig werden. Ihm schwebt als persönliches Ziel ein esoterischer Zionismus des Geistes vor, der die alten Quader des Turmbaus zu Babel in eine endgültige Ordnung fügt.

Der Zionismus aber ist für mich nicht dieser Ort, der Zionismus, so wie er existiert und allein existieren kann: mit dem Nationalismus als letztem Wert. Und ein Zionismus des Geistes, der vom heutigen Judentum nicht den Glauben behielte – ich weiß nicht, was er von ihm behielte – eine gewisse jüdische Geste würde er steigern und bewahren (ich kenne sie, um Namen zu nennen, von Corinble, von Brod, von Ihnen her) – ein solcher Zionismus bleibt Idee und ist durchaus esoterisch. Bitte, verstehen Sie mich richtig: gerade darum bleibt er auch Idee, und von der Hochachtung, mit der ich vom jüdischen Geiste, den ich anerkenne, gesprochen habe, nehme ich nichts.

Ob ich mein politisches Unterkommen im linken Liberalismus oder auf einem sozialdemokratischen Flügel finden werde, weiß ich nocht nicht bestimmt. Im ganzen Komplex meiner Gesinnungen, die ja im Politischen in bestimmter Richtung zusammenzuziehen sind, spielt das Jüdische nur eine Teilrolle. Und eben nicht sowohl das National-Jüdische der zionistischen Propaganda ist mir wichtig, als der heutige, intellektuelle Literaten-Jude; soweit der Zionismus diesen Typus, den er im Grunde sogar bekämpfen muß, zum Selbstbewußtsein und zur

DER ZIONISMUS
Walter Benjamin, Brief an Ludwig Strauß
vom 7. – 9. 1. 1913. Nachlaß Strauß.

Selbstbehauptung bringt, soll er mir (im Komplex des Politischen) auch irgendwie willkommen sein. D. h. ich zahle einen Beitrag, zumal ich weiß, daß dieses Geld auch den russischen Juden dient.

Aber der politische Energiepunkt liegt nicht hier, sondern irgendwo in der Linken. Kurz gesagt: vor allem müssen wir eine linke Mehrheit haben, damit die deutschen Staaten für wynekensche Schulen frei werden. Dazu hilft der intellektuelle Jude (sofern er Politik treibt – und auch sofern er's nicht tut), dazu hilft, indem er diesen (vielleicht) erhält und steigert, auch der Zionismus. Vor allen Dingen aber hilft der Organismus der linken Parteien. Nicht etwa, daß er die Idee Wickersdorfs fordere, vielleicht versteht und duldet er sie nicht einmal: aber hier muß sie in den stürmischen Zeiten unterkriechen – Politik ist die Kunst des kleinsten Übels. Die heutige linke Politik hat in ihrer Kampfgesinnung (und die ist das Maßgebende – nicht die Partei-»Theorie«) den Nationalismus bis auf Weiteres und Freieres (d.h. bis zu seiner Unschädlichkeit in einer kulturell gefestigten Menschheit) abzulehnen. Von hier aus muß der politische Zionismus von einem liberalen Kulturboden aus abgelehnt werden.

Ich glaube, daß ich das für mein Verhalten Wichtige gesagt habe. Doch eine nähere Definition, was ich unter dem fruchtbaren Kulturjudentum verstehe, bin ich noch schuldig. Ich glaube auch, daß ich das vorläufig nur sehr allgemein bestimmen kann. Im Grunde habe ich davon mehr ein Bild als eine Gedankenreihe. Es ist der umgekehrte Turmbau zu Babel: die Völker der Bibel häufen Quader auf Quader und das geistig Gewollte – der himmelragende Turm – entsteht nicht. Die Juden handhaben die Idee wie Quadern, und nie wird der Ursprung, die Materie erreicht. Sie bauen von oben, ohne den Boden zu erreichen.

Vier Jahre später kommt es für Benjamin im bayerischen Seeshaupt zu einer intensiven, sich über Tage erstreckenden Aussprache über das Judentum. Gemeinsam mit seiner neuen Freundin und späteren Frau Dora Pollak nähert er sich dabei geistig und menschlich dem neunzehnjährigen Besucher Gerhard Scholem an. Die Berichte, die Scholem von diesen Gesprächen in sein Tagebuch schrieb, haben sich erhalten. Sie werden hier zum ersten Mal publiziert. Man wird kaum eine Quelle finden, die einen unmittelbaren Zugang zur jüdischen Position Benjamins in diesen Jahren freilegt. Der Grund dafür ist vor allem in Scholems eigenem Engagement zu suchen. Er hatte schon als Junge intensiv Hebräisch und jüdische Geschichte studiert und war in der Berliner Gruppe »Jung Juda« hervorgetreten. Seinem neuen Freund war er in allen jüdischen Fragen weit überlegen, und er löste sich gerade – mit ähnlichen Emotionen wie es Benjamin im Fall Wyneken erging – von seinem Idol Martin Buber.

ANONYM: GERHARD SCHOLEM
IN SEINEM BERLINER ELTERNHAUS.
UM 1922. SAMMLUNG CHRISTIANE
SCHÜTZ, BERLIN

Ich hatte im ersten Stock ein herrliches und sehr anständig ausgestattetes Zimmer, während Benjamin und die Wirtin oben schliefen, in lange nicht so schönen Zimmern. Dora Pollak ist eine Tochter des bekannten Prof. Leon Kellner-Czernowitz, dem Bewahrer der Tagebücher Theodor Herzls und Herausgeber seiner »Schriften«. Das erzählte sie mir erst am Montag abend. Sie ist in einer zionistischen Atmosphäre aufgewachsen, in Wien, kannte Buber noch von seiner Wiener Zeit her; alle ihre Geschwister sind Zionisten, nur sie steht abseits. Jedenfalls abseits der Bewegung.

Ich hatte einen sehr guten Eindruck von ihr. Wir gerieten noch an diesem Abend in ein großes, bis ein Uhr nachts dauerndes Gespräch über Zion, insbesondere das »Schreien«. Hierbei las Benjamin mir den Brief vor, den er an Buber geschrieben hat, und auf den Buber bisher nicht geantwortet hat. Benjamin fordert von ihm und seiner Zeitschrift, daß ihre Worte in den »Kern des innersten Verstummens gerichtet« sein sollen, etwas, was der »Jude« zweifellos nicht erfüllt. Übrigens fand B. einige Wochen nach Verfassung des Briefes in Schlegels »Philosophie der Geschichte« eine Stelle über die Sprache, die

ICH HATTE IM ERSTEN
Gerhard Scholem, Unveröffentlichte Tagebucheintragung vom 23. – 24. August 1916. Nach der Edition von Karlfried Gründer und Friedrich Niewöhner. Nachlaß Scholem.

DANN ALS ICH
Vgl. Gerhard Scholem, Jüdische Jugendbewegung. Der Jude 1 (1916 –1917), S. 822 – 825.

genau dasselbe in anderen Termini von dieser sagt, wie er in diesem Brief. Am folgenden Vormittag besichtigte ich mit Benjamin die Bibliothek, in der sich einige herrliche Dinge befinden. Hölderlins Werke in der ersten Ausgabe 1846 von Schwab, Bothes Pindar-Übertragung von 1808, Brauers Jean-Paul-Ausgabe in einem herrlichen alten Einband, die Voßsche Horaz-Übersetzung und vielerlei anderes, auch sehr viel Philosophisches. Am Boden lag Machs »Erkenntnis und Irrtum«; Dora Pollak wollte es verkaufen, weil es doch so gar nichts sei, und als ich ihr dringend ins Gewissen redete, es dann mir zu verkaufen, sagte sie, wenn ihr Mann nichts dagegen haben sollte, würde sie es mir als Xenion, als Gastgeschenk geben. Womit ich sehr einverstanden wäre. Man wird sehen. Unter anderem las B. mir an diesem Vormittag eine pindarsche Ode im Urtext vor, und ich hatte einen großen Eindruck davon. Es ist ein göttliches Rauschen in den Liedern, aber die Hölderlinsche Übertragung ist auch so. Ganz groß.

Dann las ich beiden meinen Aufsatz vor, der vor Benjamins Augen Gunst fand. »Ich halte ihn für sehr gut« sagte er nach einer langen Pause nach dem Lesen. Dann machten beide eine große Kampagne

»Walter und Doras Bilder stehen nun immer vor mir auf dem Schreibtisch, und ich kann mich mit ihnen unterhalten zu jeder Zeit. Dora sieht so unendlich schön aus und Walter so wahrhaft ernst! Es ist ihr schönstes Geburtstagsgeschenk.« Gerhard Scholem, Unveröffentlichte Tagebucheintragung vom 17. Dezember 1917. Nachlaß Scholem.

ANONYM: WALTER BENJAMIN UND DORA POLLAK. 1916. JEWISH NATIONAL LIBRARY, JERUSALEM

wegen des Honorierens. Ich dürfte nicht so kindlich vorgehen. »Die Wahrheit zu haben genügt, um einen Anspruch auf Lebensführung zu berechtigen« sagte Benjamin. Ich weiß aber nicht, ob der »Jude« überhaupt honoriert. Glaube aber doch. Im zweiten »Juden« fand, wie zu erwarten stand, der Aufsatz von Hillel Zeitlin die Anerkennung Benjamins, der ja aus dem innersten Zentrum des Hebräischen kommt.

Nur dieser und mein Aufsatz sind ausgenommen von dem, was B. vom »Juden« meint: daß dort nicht von »Inhalten« des Judentums geredet wird: von der Lehre, dem Talmud, den Propheten, sondern dies wohl einfach vorausgesetzt wird, aber nicht behandelt. Mein Aufsatz stellte die Frage gar nicht, da er da er gegen die herrschenden Tendenzen geschrieben war und über ihr steht: ich verlange, daß Inhalte wesentlich bei uns werden, erst einmal. […] Alles, was dort herauskommt, setzt irgendwie den Zionismus voraus, will ihn verbessern, weiterentwickeln, »fördern«, mein Aufsatz – der gerade für die innerst Stehenden geschrieben ist – allein nicht. Er ist von einer anderen Welt aus geschrieben.

Wir haben während unseres ganzen Zusammenseins ungeheuer viel über das Judentum gesprochen: einmal über das nach Palästina-Gehen und den »Ackerbau-Zionismus«, über Achad Ha'am und die »Gerechtigkeit«, am meisten aber über Buber, von dem nach diesen 4 Tagen so gut wie nichts mehr übrig geblieben ist. Benjamin hatte nicht Unrecht, als er mir beim Abschied sagte, wenn ich etwa Buber begegnete, solle ich ihm in unserem Namen ein Tränenfaß überreichen. Nicht, daß ich hier von Benjamin gelernt hätte, im Gegenteil, hier habe ich genau dasselbe seit 9 Monaten gedacht, und nur in einem Punkte ist es mir jetzt auch sprachlich klar geworden: in der Ableug-

ZEITLIN
Vgl. Hillel Zeitlin, Aufgaben der polnischen Juden. Der Jude 1 (1916–1917), S. 89–92.

LOTTE JACOBI: MARTIN BUBER IM
GARTEN SEINES HAUSES IN
HEPPENHEIM. 1928. DEUTSCHES
LITERATURARCHIV, MARBACH A. N.

nung des Wertes des »Erlebnisses«. Heraus ist die Frage, die »Keil-
frage« könnte man sagen, die: »Haben Sie schon das jüdische Erlebnis
gehabt«. Man sagt: Ich habe mein Judentum »erlebt«, nicht »erfahren«, oder: Ich habe Zion geschaut. Denn das ist etwas ganz anderes:
Vision und Erlebnis. Die Vision ist schon Geist. Und es kommt auf
den Geist an. Schon hier ist klar, wie nahe Benjamin Achad Haam
steht, was nachher noch an einem zentralen Punkt deutlich werden
wird: der Auffassung der Rolle der »Gerechtigkeit« im Judentum.
Benjamin wollte mich veranlassen, dies: die entschiedene Absage an
die Erlebnisfritzen – nieder das Erlebnis! – in meinen Aufsatz zu
bringen. Aber ich werde es extra machen. Das ist die entsetzliche
bubersche Einstellung: die »erlebende«.

Buber persönlich hat auf ihn den Eindruck eines Menschen
gemacht, der in ständiger Entrückung lebt, irgendwo ganz fern von
sich selber, ein Doppel-Ich. (Am tiefsten zeigt sich das im »Gleichzeiti-

BUBER
»Man soll nie sagen, daß man ihn völlig verstanden hat; erstens glaubt es einem kein
Mensch, zweitens nimmt er es persönlich übel, und außerdem ist es auch nicht wahr. Er
schreibt für die kleine Gemeinde dadaistischer Salon-Chassidim und die große Gemeinde
derer, die einen einfachen und gesunden Gedanken nur würdigen, wenn er sich phanta-
stisch aufputzt und absurd gebärdet. Nie ist mit größerem Luxus und Gepränge die
Schlichtheit der Gesinnung gepredigt, nie mit einem größeren Aufwand von Kunst die
Rückkehr zur Natur propagiert, nie mit mehr Geist und Verstandesschärfe die Intellektua-
lität bekämpft worden.« Anonyme Glosse, in: Schlemiel. Jüdische Blätter für Humor und
Kunst. Berlin 1919 –1920, o. S.

ANONYM: ACHAD HAAM.
FRONTISPIZ AUS: AM SCHEIDE-
WEGE. GESAMMELTE AUFSÄTZE.
BD. 1, BERLIN 1923

»Er gab uns die Idee des ›geistigen
Zentrums‹. Er gab sie uns nicht nur, er
hämmerte sie uns ein. Mit einer Unermüd-
lichkeit sondergleichen wiederholte er
immer wieder diesen einen Gedanken, daß
das Geistesleben der Juden in aller Welt
einen Mittelpunkt braucht, zu dem es hin
gravitieren muß; und daß Palästina dieser
Mittelpunkt werden muß, nicht weniger
noch mehr.« Hugo Bergmann, Im Felde,
Die nationale Bedeutung Achad Haams.
Der Jude, Bd. 1, (1916/1917), S. 358.

gen« im »Zeitecho«.) Wir redeten einen Abend auch von der Lehre vom Kiddusch-haschem, wo ich darauf hinwies, daß die pantheistische Ausformung dieser Lehre, die ihren Höhepunkt in der Lehre vom Zerfall Gottes in sich selber u.s.f. hat, von Buber allein bisher behandelt wurde als das »Wesen« des Judentums darstellend, unter Verachtung der anderen Seite, der »oberirdischen«, die doch in ihrem tiefsten Sinn der andern an »Unterirdischkeit« an nichts nachgibt. Ja, daß ich eine Zeitlang 1914 geglaubt habe, Buber leugne Gott, kommt davon. Gottes Werden ist ihm so ausschließlich wichtig, daß er Gottes Sein gar nicht erwähnt. Und ist doch nicht jüdisch.

Alle diese Lehren sind Dichtungen oder, schlimmer, bei Buber Philosopheme. Er philosophiert über Religion, anstatt die Religion auf den Punkt hinzuleiten, wo sie Philosophie ist. Und am allerschlimmsten: Aufsätze über Religionsphilosophie zu schreiben, über Dinge, die nur im System, in einem dicken Buche gleichsam zu behandeln sind, so in dieser Form zu reden. Ich sagte von Anfang an, daß das Furchtbare an Buber sei, daß er die Wahrheit irgendwie habe, aber sie falsch habe; man kann Buber auf keine Weise widerlegen, sondern nur überwinden, wie ich ihn überwunden habe, weil das Judentum mir nicht aus Buberschen Quellen zugeflossen ist. Wahrhaft gut ist es, daß in Rußland nicht Buber, sondern Achad Haam der »Mann« ist, der ja vom Erlebnis nichts sagt, sondern vom Geiste.

Die deutschen Juden bleiben solange weg von Zion, als sie in Heppenheim bleiben. Das ist keine Tautologie. Wir sprachen auch über Bubers Frau und hatten alle – d.h. Dora Pollak und ich – dasselbe an ihr entdeckt: ihr Goijentum. Überhaupt wurde das Thema Buber eben von allen Seiten, von denen man es füglich anfassen kann, behandelt. Auch Benjamin kam zu dem – im Gegensatz zu Landauer freilich

ACHAD HAAM
»Wenn die Juden unter den meisten Völkern Europas haben Bürgerrechte erringen können, so geschah dies nur, weil sie versprachen, in diesen Völkern aufzugehen und nach und nach mit ihnen zu einem Ganzen zu verschmelzen. Aber nationale Rechte – daran wird niemand zweifeln, der seine Phantasie der Wirklichkeit unterordnet – werden sie unter ihnen nie erreichen. Und nicht nur heute, [...] sondern auch in ferner Zukunft [...] – auch dann wird es in Europa keine Nation geben, die die nationalen Rechte der unter ihnen wohnenden Juden anerkennen wird. [...] So sehen wir also, daß auch jenes nationale Erwachen, das sich jetzt außerhalb des zionistischen Lagers fühlbar macht, gewissermaßen den Kern der Entwicklung zur Zionsliebe in sich trägt.« Achad Haam, »Der Weg des Geistes«. Am Scheidewege. Gesammelte Aufsätze, Bd. 2 Berlin 1923, S. 122 – 24.

bei ihm eine Verwerfung bedeutenden – Satz, daß Buber das frauenhafte Denken vertrete. Über sein Wissen gerieten wir etwas in Streit, da B. behauptete, das wirkliche Wissen könne sich nicht verbergen, bei Buber merke man nichts davon, was ich aber doch nicht glaube. [...] Buber ist ein Irrlehrer, aber ein Lehrer, einer der etwas von der Lehre hat. Er ist hier verwandt mit den Chalukha-Juden in Jerusalem, die der »Lehre« willen gegen Zion sind! [...]

Am ersten Abend sprachen wir auch darüber, ob Zion eine Metapher sei, was ich bejahte – denn nur Gott ist keine – und Benjamin verneinte. Wir kamen durch die Propheten darauf, denn Benjamin behauptete, man dürfe die Propheten nicht metaphorisch benützen, wenn man die göttliche Autorität der Bibel anerkennt. Das Schreien der Propheten sei ein Heulen (Za'aka) gewesen, und nur in diesem Sinne dürfe »Schreien« gebraucht werden. [...] Benjamins Geist kreist und wird noch lange kreisen um den Mythos, an den er von den verschiedensten Seiten heran will. Von der Geschichte, wo er von der Romantik ausgeht, von der Dichtung, wo er von Hölderlin ausgeht, von der Religion, wo er vom Judentum ausgeht, und vom Recht aus. »Wenn ich einmal meine Philosophie haben werde«, sagte er zu mir, »so wird es irgendwie eine Philosophie des Judentums sein.« [...]

FRITZ JULIAN LEVI: »UND DIR ALS BLAU-WEISSEM HAT DER WEIHNACHTSMANN EINE MENORAH GEBRACHT«. AUS: SCHLEMIEL. JÜDISCHE BLÄTTER FÜR HUMOR UND KUNST. JG. 1 (1919)

»Unter dem Weihnachtsbaum stand das Herzl-Bild in schwarzem Rahmen. Meine Mutter sagte: weil du dich doch so für Zionismus interessierst, haben wir dir das Bild ausgesucht. Von da an ging ich Weihnachten aus dem Haus.« Gershom Scholem, Von Berlin nach Jerusalem. Frankfurt a. M. 1977, S. 42.

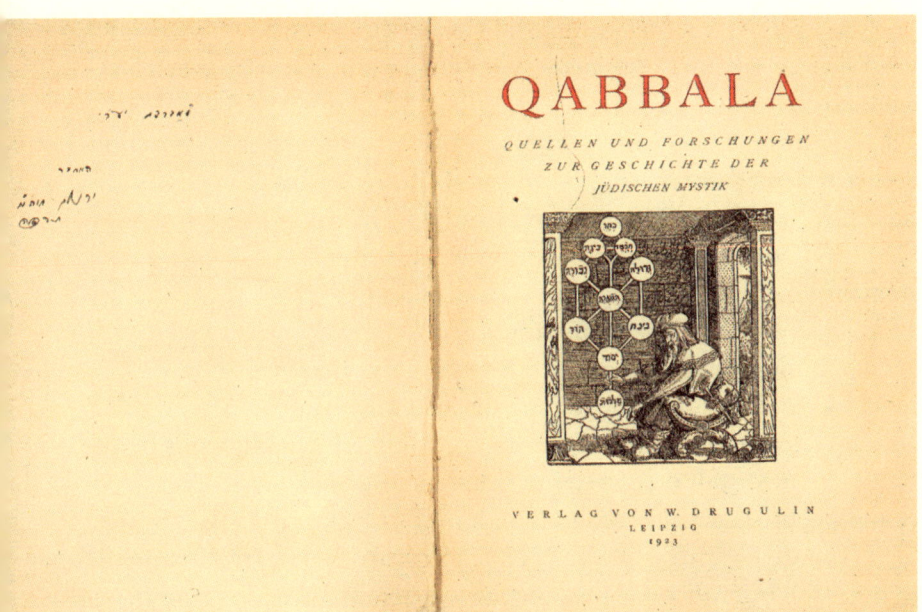

GERHARD SCHOLEM: DAS BUCH
BAHIR. EIN SCHRIFTDENKMAL AUS
DER FRÜHZEIT DER KABBALA. KRITI-
SCHE NEUAUSGABE. LEIPZIG UM
1923. REIHENTITEL.

Drei Dinge müssen dem Zionismus abgewöhnt werden: die Acker-
baueinstellung, die Rassenideologie, und die Blut- und Erlebnisargu-
mentation. Denn es ist gar nicht wahr, daß man nur als Landarbeiter
oder Bauer dort drüben sein dürfe, denn wer um der Lehre willen
herübergeht, hat vielleicht einen ganz anderen Beruf. [...] Benjamin
steht der Lehre Achad Haams vom geistigen Zentrum innerlich
außerordentlich nahe: »Ackerbau kann goijisch sein«. Aber all das,
was er hier sagte, werde ich in Berlin noch einmal mit ihm besprechen
müssen. [...]

Träume des Walter Benjamin und Gespenster. Nur in China und Skandinavien gibt es Gespenster. Ungeheure Dinge erzählte er von einzelnen Träumen und den immer wiederkehrenden Merkmalen solcher Träume. Das große, leere Haus, in dem Gespenster tanzend schweben. Das Fenster. (Ein Seelensymbol.) Über diese Dinge forscht man nicht, weil jeder Mensch Angst hat vor diesen Dingen. Das Judentum kennt keine Gespenster. Eine Jude müßte diese Dinge untersuchen. Der mythologische Mensch kennt die Angst nicht. Über all das, was wir in unseren ausführlichen Gesprächen zu zweien oder dreien behandelt haben, könnte ich mehr als den ganzen Winter nachdenken: das ganze Leben lang den Zionismus neu aufbauen. Denn ich darf mich doch nicht belügen: wenn ich wirklich mit Benjamin gehe, müßte ich ungeheuer revidieren. Würde in 4 Wochen wohl mit allen gebrochen haben und bald aus der Organisation austreten. Aber erst muß geprüft werden. Mein Zionismus liegt zu tief in mir, als daß er durch irgend etwas erschüttert werden könnte; der Sinn der Benjaminschen Kritik ist: daß ich den Zionismus der Anderen leugnen müßte. Vielleicht, wenn ich hinübergehe.

Das Wort »irgendwie« ist der Stempel einer werdenden Ansicht. Ich habe noch keinen Menschen dies Wort öfter gebrauchen hören als Benjamin. Aber eins hat er schon überwunden: er ist nicht mehr nur »irgendwie« Jude. Das ist Herr Dr. Hiller, aber nicht er. Als Hiller hörte, das Joël getauft sei, schrieb er an Benjamin: Sind Sie etwa auch getauft? Ich finde, daß unheitere Gemütsart eine Folge der Taufe ist. Auf offener Postkarte. Hiller soll aber doch ein durch und durch anständiger Mensch sein. Benjamin verteidigte seinen Verkehr mit ihm sehr ausführlich. Heute sei Anständigkeit in Deutschland schon Grund, auf einen Menschen zu achten. Ja.

Kurze Zeit nach dieser Aussprache hat Benjamin durch Scholem einen ungewöhnlichen Mann kennengelernt, der fünfzehn Jahre älter als er war und mit einem esoterischen Buch über die »Siderische Geburt« schon 1910 eine gewisse Berühmtheit erlangt hatte. Dieser jüdische Autor, Erich Gutkind, sollte für ihn 1920 in eine engere Beziehung treten. Es war die Zeit, in der Benjamins Jüdischkeit utopische Züge annahm und so in Gutkind ihren idealen Mentor fand. Bei ihm, der von Scholem Hebräisch gelernt hatte, nahm er nun selbst Sprach-

ANONYM: ERICH GUTKIND.
SAMMLUNG FREDERIK VAN EEDEN.
UNIVERSITÄTSBIBLIOTHEK,
AMSTERDAM

unterricht und zog sogar unter dem Druck elterlicher Auseinandersetzungen gemeinsam mit Dora in das Siedlungshaus im Berliner Vorort Grünau. Erich Gutkind hatte starke Persönlichkeiten wie Gustav Landauer und Martin Buber fasziniert, und seine eigenwillige religiöse Utopie gewann ihm internationale Anhänger. Besonders in London bildete sich um seinen Bewunderer Mitrinovic in den zwanziger Jahren eine »New Atlantis« Bewegung, die später eine Zwischenstation auf Gutkinds Weg ins Exil bildete. Als er 1933 die Staaten erreichte, zogen seine Vorträge an New Yorker Hochschulen – und waren es auch so ephemere wie das »Master Institute of United Arts« – zahlreiche Hörer und Diskutanten an. Er lehrte ein lebendiges und tief esoterisches Judentum, dessen Programm er im Titel

»Nicht behagliches Wohnen, sondern Wanderung und göttliches, grenzenloses Schwingen ist nun unser Sinn. Die Lehre vom ewigen Fortschritt will uns nicht mehr genügen, denn wir werden erkennen, daß Welt nicht ewig fortschreiten kann, sondern ihrer Höhe zueilt, und wollen wir nicht ersticken an der Welthöhe, so muß ein Unerhört Neues herbeigezwungen werden, das mehr ist, als alles was je war. Uns kann kein Weltbild mehr genügen, sondern einzig das Weltende, und das Ende kann uns nicht mehr schrecken, zum Ende sprechen wir das brünstige: Du, Du.« Volker [d. i. Erich Gutkind], Siderische Geburt. Seraphische Wanderung vom Tode der Welt zur Taufe der Tat. Berlin 1910, S. 7.

eines späten Essays auf den Begriff brachte: »Über die Möglichkeit, eine Ritualerfahrung wiederzugewinnen« – dies war sein Thema, seit er die Einsicht in den katastrophalen Verlauf seiner Epoche genommen hatte.

Was sagen Sie zu der neuesten Wendung der Dinge? Benjamins sind nun, wie ich hoffe nicht nur vorübergehend, unsere Gäste, und wir leben friedlich in unserem Puppenhaus zusammen, wie im Knusperhäuschen, bis die Hexe, die rote oder die weiße, uns bratet. Vielleicht machen wir aber vorher Zoff und ziehen uns zurück – ich möchte den Winter über sehr konzentriert Hebräisch arbeiten – wenn es geht im Süden.

Dora Benjamin ergänzt diese erste Notiz in einem Brief an Scholem, der in München studiert, mit der stolzen Neuigkeit, daß Benjamin bereits auf Hebräisch einen Nachbarn als » K ö n i g d e r G o j i m « b e z e i c h - nen konnte.

Walter lernt bei Eka Hebrisch und ich, da ich im Büro bin, kann nicht mitlernen. Ist das nicht unbeschreiblich traurig, lieber Gerhard? Ich habe mir nun gedacht, ob ich es nicht doch kann, ohne daß diese es wissen. So eine schöne Fibel hat Walter von Eka bekommen, aus der lernt er, er macht sogar schon Witze auf Hebräisch und bildete ganz von selbst auf einen gojischen Nachbarn den Ausdruck »Melech Hagoyim«, weil der alle beherrscht in Falkenberg. Ich habe mir gedacht, Sie, mein lieber Gerhard, können mir helfen und schreiben, wie ich lernen soll, aber die dürfen nichts wissen. Schreiben Sie mir ins Büro Jägerstraße 11, 4. Stock »United Telegraph«. Für Walters Geburtstag habe ich noch gar nichts: außer Klee, »Vorführung des Wunders«. Ich wollte, mein lieber Gerhard, Sie könnten auch hier sein, ich denke so oft an Sie und spreche von Ihnen, bis man mich mit Ihnen neckt.

WAS SAGEN SIE
Erich Gutkind, Brief an Gerhard Scholem
vom 26. Mai 1920. Nachlaß Scholem.

WALTER LERNT
Dora Benjamin, Brief an Gerhard Scholem
vom 6. Juli 1920. Nachlaß Scholem.

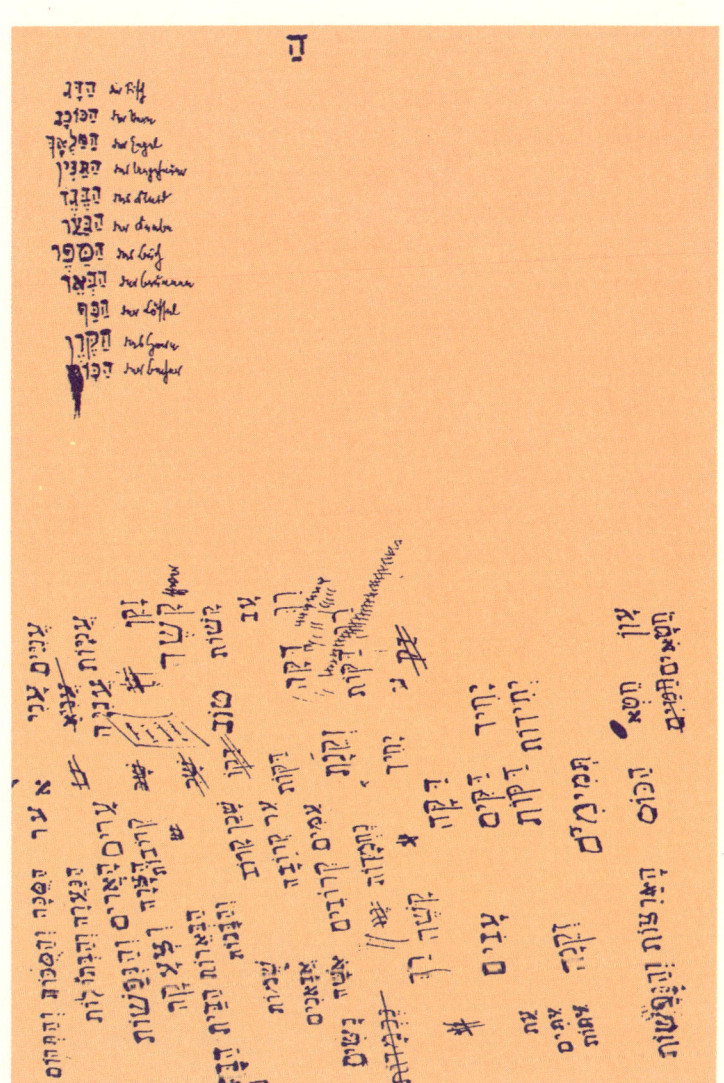

WALTER BENJAMIN. HEBRÄISCHE
SCHREIBÜBUNGEN. UM 1924.
THEODOR W. ADORNO ARCHIV,
FRANKFURT A. M.

Schon die ersten Briefe Gutkinds verraten den Fluchtpunkt der Hebräischstudien: es geht um nicht mehr und nicht weniger als um die praktische Lösung der Frage, wie man von Deutschland loskommt.

Und darum, weil das so sehr aus der Wahrheit ist, darum bin ich recht pessimistisch für das Gelingen unserer Mühen – auch wenn wir wer weiß was auf uns nehmen wollen. Wie soll man denn zu etwas kommen, in einem Organismus, der absichtlich den Tod anstrebt. (Was man übrigens bei »Klages« in seinem »Kosmogonischen Eros« wunderbar geschildert lesen kann, als gleichsam »Tiefstes« des germanischen »Kriegertypus«.) Darum akzeptiere ich nicht, wenn Du meinst: »wir kommen von Deutschland nicht los«. Als Prognose – das weiß ich nicht! Aber als eine Art unvermeidlicher Voraussetzung – nein! Auch Borel, auch Walter stimmt mir zu, der sagt, daß dieses »los« kein Wunsch ist, sondern – wie er gut formuliert – zur Rangordnung des Gebots gehört.

BRUNO TAUT: ENTWURF GARTEN-STADTWEG. SIEDLUNG GRÜNAU. 1913. AUS: KURT JUNGHANNS, BRUNO TAUT 1880–1938. BERLIN 1983, ABB. 44

UND DARUM
Erich Gutkind, Brief an Florens Christian Rang vom 28. September 1922. Nachlaß Rang, Frankfurt a. M.

ANONYM: FLORENS CHRISTIAN
RANG. AUS: DIE LITERARISCHE
WELT, 4. JG., NR. 24 (15. 6. 1928), S. 3

Der Adressat dieser Stimmungsbe-
richte ist freilich kein Jude. Florens
Christian Rang nahm im geistigen
Spannungsfeld von Gutkind und
Benjamin eine auserwählte Stellung
ein. Er war vielleicht der einzige
Nichtjude und patriotische Deutsche, der von ihnen ernsthaft wahr-
genommen und in ihr Denken einbezogen wurde. Es fällt nicht
leicht, die Faszination des einstigen Pfarrers, Verwaltungsbeamten
und Deuters shakespeare'scher Sonette zu verstehen. Aber selbst
Hofmannsthal unterhielt mit ihm eine ausführliche und gepflegte
Korrespondenz bis zu Rangs Tod im Jahre 1924. Vermutlich spielte
das noble Alter, das ihn über drei Jahrzehnte von Benjamin trennte,
eine Rolle bei seiner Akzeptanz als Vaterfigur eines besseren
Deutschland.

Ich glaube nicht – wie Du, lieber Christian, meinst – daß wir zum
Bolschewismus kommen. Das wäre nur, wenn die Weltwirtschaft
dazu käme. Das aber ist fraglich; eher glaube ich, daß die Liquidation
Europa's mit Riesenschritten via Asia erfolgt, wie Hyndman in seinem
»Aufstieg des Morgenlandes« zeigt, dieses Buch, das ein ganz bedeut-
sames Dokument ist und höchst interessant. An den Bolschewismus
in Deutschland glaube ich nicht. Deutschland ist rettungslos an das
Kaisertum gebunden, und muß daher mit der kaiserlichen Welt zu
Grunde gehen, obgleich freilich die Pestilenz der Kaiserlichen Kloake
dabei die halbe Welt vergiftet.

Wir hören viel Interessantes von den Russen, mit denen wir zusammen sind. Denn sie, besonders die russischen Juden, sind ja hier die
einzigen Menschen, die lebendig sind. Alles andere ist erkaltete Asche.

ICH GLAUBE NICHT
Erich Gutkind, Brief an Florens Christian
Rang vom 26. Oktober 1922. Nachlaß
Rang, Frankfurt a. M.

»Er war von straffer Gestalt und lebhaft wie ein Militär; ich seh ihn noch, wie er
mir am frostig hellen Wintertag nach Verabredung auf der schneebedeckten
Landstraße zwischen Wetzlar und Braunfels begegnete, einsamer Wanderer, die
Feldmütze auf den grauen Haarsträhnen. Dann sprachen wir im Gehen, beim
Landschaftlichen das Politische mit berührend, daneben von kirchlich-histori-
schen Dingen. [. . .] Wir gingen bergauf und ab bis an das Landhaus in dem
Tälchen von Braunfels, im kleinen Garten ein kleines Haus mit engen Stiegen,
mit Bücherstube und Ziegenstall, die Arbeitsstelle unterm Dach, die Feierabend-
bank im Freien. Dort lebte er, ein Eremit ohne das Mönchische, ein Patriarch.«
Alfons Paquet, »Florens«. Die Kreatur, 1. Jg. (1926/1927), S. 131.

Merkwürdig, wie diese Leute, die so unbeschreibliches Grauen durchgemacht haben, lebendig sind, und wie sie hier in kurzer Zeit auslöschen. Solches Phänomen beunruhigt uns arg. Und ist immer wieder
die große Mahnung. Wir wollen jetzt wieder einen Lehrer nehmen –
der uns bisher belehrte ist verhindert; es wird voraussichtlich ein
junger russischer Jude sein, der noch frisch aus der mächtigen Schulung eben herauskommt. [...] Morgen erwarten wir hier Walter, der
ebenfalls krampfhaft an seiner Befreiung arbeitet. Flucht – das ist das
Stichwort, und wem will man's verübeln, wenn, wie ein schönes neues
Lied singt: »Selbst die Kongo-Neger schrein – wir wollen keine Preu
ßen sein«. Flucht ist in der Tat eine religiöse Kategorie geworden.

ANONYM: LUCIE UND ERICH
GUTKIND. UM 1927. SAMMLUNG
CHRISTINE HOLSTE, BERLIN

Es scheint doch endgültig, als ob Deutschland sich nicht anders als in der Form der antisemitischen Militärmonarchie formulieren kann. Aber was sollen wir eigentlich dabei? Niemand auf Erden mag noch damit etwas zu tun haben, und in der Tat ist auf den allgemeinen Haß etwas viel Schlimmeres gefolgt, nämlich völliges »Desinteressement«. Was schließlich die Juden angeht, so sind sie weit dabei, den Herzenswunsch aller nationalen Elemente, und der meisten anderen Leute auch, zu erfüllen. Denn die Ablösung der Juden scheint mir bereits in einem vorgeschrittenen Stadium zu stehen.

Nein, wir mögen nicht mehr mittun. Weder mag ich, daß unsere Körper welken und ausgewuchert werden mit dieser lächerlichen würdelosen Ernährung, noch mag ich, daß unsere Seelen so nutzlos, so sinnlos, unter dem Soldatenstiefel des Hakenkreuzgesindels zertreten werden. Den konkreten Menschen, den Einzelnen, die mir leid tun, will ich verbunden bleiben, so wie den deutschen Werten, obgleich mir immer mehr davon suspekt wird, und – was mehr bedeutet völlig aus dem Blickpunkt herausrückt. Unser Weggang ist (wie übrigens auch für Walter) nur mehr eine technische Frage. [...] Geht man den erhabenen Weg der Loslösung, dann muß als erste Wegmarke dastehen – Capri. Dort erst gibt es wieder Begegnung. Dort auch einzig für den Juden. [...] Darum – Capri, sei gegrüßt.

Im Zusammenhang der Auswanderungspläne, die in ein utopisches Eretz Israel auf die preisgünstige Insel Capri führten, muß auch der Schlüsselbrief Benjamins gelesen werden, den er zum deutsch-jüdischen Verhältnis an Rang schreibt: es scheint ihm nur noch in geheimen Beziehungen zwischen einzelnen Gleichgesinnten realisierbar zu sein. Öffentliche Äußerungen zu deutschen Fragen lehnt er ab.

ES SCHEINT DOCH
Erich Gutkind, Brief an Florens Christian
Rang vom 6. November 1923. Nachlaß
Rang, Frankfurt a. M.

Ich beginne mit der gegenwärtigen Lage des Deutschtums. Gewiß stehst Du mir heute für das wahre Deutschtum (ja auf die Gefahr, Dich zu verstimmen, möchte ich fast sagen, Du allein, unter dem großen Eindruck, den die leider nur fragmentarische Lektüre der »Bauhütte« auf mich gemacht hat). Aber nicht zum ersten Male erfährst Du von mir, daß ich nur ungeheuer widerstrebend, nur mit tiefsten Bedenken, Deine Gefolgschaft mit meiner Person, mit dem Jüdischen in ihr vermehre. Nicht aus opportunistischen Erwägungen stammen diese Bedenken, sondern aus der jederzeit zwingend mir gegenwärtigen Einsicht: daß in den furchtbarsten Augenblicken eines Volkes einzig die zu reden berufen sind, die ihm angehören, nein mehr: die ihm im eminentesten Sinne angehören, die nicht allein das mea res agitur sagen, sondern meam propriam rem ago aussprechen dürfen.

Reden soll der Jude sicher nicht. [...] Soll er mitreden? [...] Hier, wenn irgendwo, sind wir im Kern der gegenwärtigen Judenfrage: daß der Jude heute auch die beste deutsche Sache, für die er sich öffentlich einsetzt, preisgibt, weil seine öffentliche deutsche Äußerung notwendig käuflich (im tiefern Sinn) ist, sie kann nicht das Echtheitszeugnis beibringen. Ganz anders legitim können die geheimen Beziehungen zwischen Deutschen und Juden sich behaupten. Im übrigen gilt, wie ich glaube, mein Satz: daß alles, was von deutsch-jüdischen Beziehungen heute sichtbar wirkt, Dir zum Unheil tut und daß eine heilsame Komplizität die edlen Naturen beider Völker heute zur Schweigsamkeit über ihre Verbundenheit verpflichtet. Die Frage der Auswanderung, um auf sie zurückzukommen, hat nur im Sinn dieser defensiven Antwort auf Deinen Verpflichtungsversuch für mich mit der jüdischen Frage zu tun. Im übrigen nicht.

»Die Zukunft gilt's aus der Vergangenheit zu gewinnen, indem wir der Schuld der Vergangenheit entspringen. Wir brauchen uns dabei keineswegs zu verhehlen, daß in der Tiefe der Dinge, was für deutsche Gewissen als deutsche Schuld auftaucht, eingebettet liegt in noch allgemeinerer Verschuldung: alle Völker des Weltkriegs, unseres ganzen Kulturkreises, der ganzen Welt. Aber das Weltfeuer der Schuld brennt deutscherseits eben als deutsche besondere Schuld. Sie brennt unser Gewissen. Ihr haben wir uns zu entringen.« Florens Christian Rang, Deutsche Bauhütte. Ein Wort an uns Deutsche über mögliche Gerechtigkeit über Belgien und Frankreich und zur Philosophie der Politik. Sonnerz und Leipzig 1924, S. 22.

ICH BEGINNE MIT
Walter Benjamin, Brief an Florens
Christian Rang vom 18. November 1923.
Briefe, S. 309.

BAUHÜTTE
»Der Stolz des zusammengebrochenen Deutschlands, der deutsche Idealismus ist es, der in seinem Wesen als verlogen entlarvt wird. [...] Nirgendwo noch ist die Schicksalsfrage Deutschlands auch nur mit annähernder Gewalt gestellt worden.« Erich Gutkind, »Ein vergessener Großer unserer Zeit. Florens Christian Rang. Gestorben September [d. i. Oktober] 1924«, Die literarische Welt, 4. Jg., Nr. 24 (15. 6. 1928), S. 3.

PAUL KLEE: »VORFÜHRUNG DES
WUNDERS«. 1916. TEMPERA UND
TUSCHE AUF LEINWAND. MUSEUM
OF MODERN ART, NEW YORK. GIFT
OF ALLAN AND MATHIEU ROOS

Als Rang ihn bittet, zu seiner Denkschrift »Deutsche Bauhütte« – die eine kollektive Aufbauhilfe für das kriegsgeschädigte Ausland fordert – ein eigenes Bekenntnis beizusteuern, präzisiert Benjamin noch einmal seine Vorbehalte.

Zu meiner Zuschrift bemerke ich: [...] Sie sagt nahezu alles, was ich bei dieser Gelegenheit zu sagen habe. Die Judenfrage etwa dabei zu berühren, wäre, gelinde gesagt, mal à propros. Ein Hauptbedenken, das ich vor dem Schreiben zu berücksichtigen hatte, war meine schwebende Frankfurter Habilitationsangelegenheit. Die Empfindlichkeit einzelner Fakultätsmitglieder in den in Rede stehenden Dingen kann kaum überschätzt werden. Hinzukam, daß mein besonderer Gönner weit rechts steht, und daß gerade in Frankfurt die Schrift wohl unter die Leute kommen dürfte. [...] Ja, lieber Christian, ich bekenne es: mein Vertrauen in den Takt Deiner Gefolgschaft ist nicht unbegrenzt, es sind darunter vielleicht Leute, die ich bei aller Wohlmeinendheit für kapabel halte, maßlos der Sache zu schaden. Auf die Gefahr hin, mich als eingebildet schelten zu lassen: meine Genossenschaft, die ich empfinde, verlangt, daß ich hier meine Meinung sage. Besser keine Zuschriften als solche, die mit den Worten ja sagen und mit der Stimme desavouieren. Ferner: die Frage der Zahl der Zuschriften. Sieben sind doch wohl das Minimum hinter diesem Fähnlein. Sieben Aufrechte. Sonst ist's nicht. Weniger sind meiner Ansicht nach unbedingt zu wenig! Weiter: Wieviel von der Zahl dürfen Juden sein? Nicht mehr als ein Viertel! Meiner festen Überzeugung nach.

Gutkind erreicht schließlich sein Ziel, gemeinsam nach Capri zu reisen. Aber sein überaus praktisch gemeinter Brief, der die finan-

ZU MEINER ZUSCHRIFT
Walter Benjamin, Brief an Florens Christian Rang vom 26. November 1923. Gesammelte Schriften, IV, S. 1085.

DEINE GEFOLGSCHAFT
Rang schloß noch in den Buchtext seiner »Deutschen Bauhütte« Zuschriften von Freunden ein, zu denen neben Benjamin und Buber auch Theodor Spira, Alfons Paquet und andere gehörten – wie der Mechaniker Karl Hildebrandt.

zielle Lage der Freunde in den Inflationsjahren verdeutlicht,
spricht nicht mehr vom gelobten Land.

Und nun wollen wir Euch heute, um unsere große Sehnsucht, mit
Euch zu sein, zu verwirklichen, einen etwas kühnen Vorschlag
machen, den Ihr ernsthaft erwägen solltet. Wir schlagen Euch nämlich
nicht mehr und nicht weniger vor, als ein kleines Meeting mit uns in
Form einer Frühlingstour nach Capri, eine Frühlingsfahrt, die für uns
– und nicht weniger für Euch – auch symbolisch eine Frühlingsfahrt
sein soll. Und damit ist es so: Ihr wißt, daß es jetzt in Italien dreimal
billiger ist als hier. (Leider gibt es infolgedessen ja einen großen
Ansturm auf Italien.) Nun hat uns, sowohl wie Walter – der sich
beteiligen wird – die absolute Notwendigkeit, endlich die Schreckens-
herrschaft der dunklen Mächte zu durchbrechen, dazu geführt, mit
ungeheuerster Anstrengung eine kleine Summe zusammenzubringen,
die das Plus an Kosten gegenüber unserem laufenden Verbrauch
deckt, und aus Kwatta's »Turnstunden« und meinem Hausiergeschäft
herstammt.

Von dieser Summe will ich jetzt sprechen, da diese Zahlen ja auch
für Euch wohl das Hauptentscheidende sein werden, und weil Ihr
sehen werdet, daß – so schwer auch selbst diese Summen wiegen – sie
dennoch keine unaufbringbaren sind. Ich setze sie her: Eine Pension
in Capri – ich habe bereits für uns dort bestellt – kostet 25 Lire + 10%
Service incl. Zimmer, Pension etc. Es ist eine saubere Familienpension.
Dieser Preis ist bescheiden. Andere Offerten waren höher. Ihr würdet
also beide zusammen für ca. 20 Tage Aufenthalt brauchen: täglich 60
Lire ca. in der Pension = 1200 Lire. Diverse Spesen, Ausflüge etc.
dazu: in Summa 1500 Lire = ca. 275 Mark. 300 Mark wären reich-
lich. Vielleicht zieht ihr aber die Tour auf nur 14 Tage in Betracht. Die

UND NUN WOLLEN WIR
Erich Gutkind, Brief an Florens Christian
Rang vom 15. März 1924. Nachlaß Rang,
Frankfurt a. M.

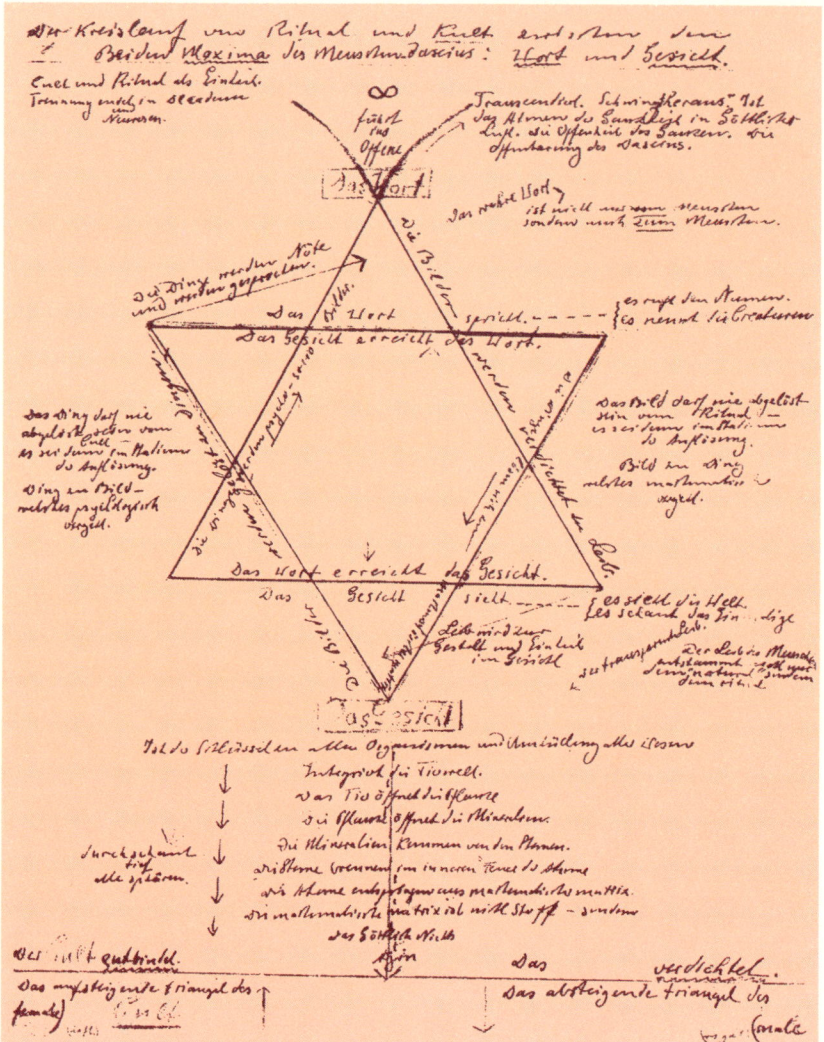

ERICH GUTKIND: »DER KREISLAUF UM RITUAL UND KULT ZWISCHEN DEN BEIDEN MAXIMA DES MENSCHENDASEINS: WORT UND GESICHT«. SAMMLUNG HENRY LEROY FINCH, NEW ROCHELLE, N.Y.

Billets kosten III.Kl. ca. 60-70 Mark jede Fahrt (Berlin-Neapel, ab Frankfurt weniger?) Der Paß kostet: Visum 80 Lire = ca. 12-15 Mark; es gibt aber Familienpässe, und da braucht Ihr nur ein Visum für Euch beide.

Walter hat sich entschlossen, mitzumachen. Außer uns Dreien begleitet uns dann unser Hausgenosse und Freund, dieser so sehr liebe und herzliche Mensch, der Euch gefallen wird, und – voraussichtlich – eine Freundin von ihm aus Wilna, die wir selbst noch nicht kennen, von der wir aber nach allem einen hervorragenden und sehr bedeutenden Eindruck haben. Natürlich braucht einer den anderen nicht im mindesten zu stören. Über die Sache selbst ist ja nichts zu sagen. Capri ist einer der herrlichsten Punkte der Erde, ein leuchtender Felsenthron in einem Taumel von Blau.

Scholem schrieb noch ein amüsantes Nachwort zu Erich Gutkind. Im August 1935 berichtete er Benjamin von einem unerwarteten Besuch in Palästina, und die knappe Ironie, mit der er Gutkinds Weltvisionen kommentierte, entwirft ein ebenso genaues Kurzporträt dieses vergessenen Philosophen, wie es nur ein Blick in seine Schriften vermag.

»ORPLID«. ZIGARETTENDOSE DER ZWANZIGER JAHRE. SAMMLUNG HANS PUTTNIES, FRANKFURT A. M.

SCHRIFTEN
Zum Beispiel: The Absolute Collective: A Philosophical Attempt to Overcome Our Broken State. London 1937; oder: The Body of God: First Steps Toward an Anti-Theology, hrsg. von Lucie B. Gutkind und Henry Le Roy Finch. New York 1969.

Letzten Sabbat standen plötzlich Gutkinds, er und sie, vor der Tür, die sechs Wochen in Palästina sind, von dem Geld, das sie vor ihrer Abreise aus Deutschland noch schnell bei der Cunard-Linie für Fahrten eingezahlt haben. Bist Du mit ihnen ganz außer Kontakt? Ich habe so das Gefühl. Sie fragten nach Dir, als ob sie seit Jahren nichts von Dir gehört hätten. Sie leben in New York, wo er sich mit Philosophie-Kursen, teils an einem jüdisch-streng orthodoxen College, teils an der halbkommunistischen New School of Social Science durchbringt. Beide völlig unverändert, er dumm aber witzig, sie ein vornehm gezähmtes, sozusagen flachbusiges Waschweib. Die alten Reden fließen munter fort: die Welt geht einem Kataklysma entgegen, Europa zerfällt, von Rußland sind sie ein bißchen stille geworden, aber Amerika, Amerika ist Trumpf.

Als Jude will Benjamin den Deutschen keine Richtung mehr weisen, als Deutscher nur die geheimen Beziehungen pflegen. Von nun an sehen wir ihn stärker am innerjüdischen Gespräch interessiert. Sein Freund Scholem, der schon im Briefwechsel seine zentrale These von der Unmöglichkeit der deutsch-jüdischen Symbiose vertrat, ist um so mehr sein Adressat, als beide schon über Jahre ihre geschichtstheologischen Studien der Sprache ausgetauscht haben. Nicht ganz bis ins einzelne durchsichtig ist mir Deine Bemerkung über die »scheintot« tradierte Sprache, die im Munde der neuen Generation als lebendiges und verwandeltes Hebräisch sich gegen die Sprechenden zu kehren droht. Vielleicht ist es Dir möglich, ein weiteres Wort dazu zu sagen.

LETZTER SABBAT
Gerhard Scholem, Brief an Walter Benjamin vom 25. August 1935. Walter Benjamin / Gerhard Scholem, Briefwechsel 1933–1940. Frankfurt a. M. 1980, S. 205 f.

ANONYM: GERHARD UND ESCHA SCHOLEM IN EINER SUKKAH. JERUSALEM, LAUBHÜTTENFEST 1926. JEWISH NATIONAL LIBRARY, JERUSALEM

Die Antwort ist uns nicht bekannt, da Scholems Briefe an Benjamin aus dieser Zeit verloren sind. Aber es gibt aus dem folgenden Jahr eine sehr wesentliche und engagierte Äußerung, die an Franz Rosenzweig gerichtet ist. Sie ist um so bedeutsamer, als er hier die hebräische Sprache als ein höchst dialektisches Medium begreift, in dem Kontinuität und Revolution des Judentums schlummern. Scholem greift vielleicht einen Gedanken auf, den Benjamin 1916 in seinem Essay über die Sprache entwickelte: daß wir in der Namensgebung das Gespräch mit Gott gefunden haben. Er radikalisiert ihn aber in einer Weise, die für eine lebendige jüdische Kultur nur die Alternative zwischen Gehorsam und Apokalypse offen läßt.

Sprache ist Namen. Im Namen ist die Macht der Sprache beschlossen, ist ihr Abgrund versiegelt. Es steht nicht mehr in unsrer Hand, die alten Namen tagtäglich zu beschwören, ohne ihre Potenzen wachzurufen. Sie werden erscheinen, denn wir haben sie ja freilich mit großer Gewalt beschworen. Wir freilich sprechen in Rudimenten, wir freilich sprechen eine gespenstische Sprache: in unseren Sätzen gehen die Namen um, in Schriften und Zeitungen spielt der oder jener mit ihnen und lügt sich oder Gott vor, es habe nichts zu bedeuten, und oft springt aus der gespenstischen Schande unserer Sprache die Kraft des Heiligen hervor. Denn die Namen haben ihr Leben und hätten sie es nicht: wehe unseren Kindern, die hoffnungslos der Leere ausgeliefert wären.

Jedes Wort, das nicht eben neu geschaffen wird, sondern aus dem »guten alten« Schatz entnommen wird, ist zum Bersten voll. Ein Geschlecht, das die fruchtbarste unserer heutigen Traditionen: unsere Sprache übernimmt, kann nicht und mag es auch tausendfach wollen, ohne Tradition leben. Jener Moment, wo sich die in der Sprache

SPRACHE IST NAMEN
Gerhard Scholem, Bekenntnis über unsere Sprache. An Franz Rosenzweig. 7. Tewet 5687 (Dezember 1926). In: Michael Brocke, »Franz Rosenzweig und Gerhard Gershom Scholem«. Juden in der Weimarer Republik, hrsg. von Walter Grab und Julius H. Schoeps, Stuttgart, Bonn 1986, S. 148 –150.

gelagerte Macht entfalten wird, wo das »Gesprochene«, der Inhalt der Sprache, wieder Gestalt annehmen wird, wird jene heilige Tradition sich wieder als entscheidendes Zeichen vor unser Volk stellen, vor dem es nur die Wahl haben wird: sich zu beugen oder unterzugehen. Gott wird in einer Sprache, in der er tausendfach in unser Leben zurückbeschworen wird, nicht stumm bleiben. Diese unausbleibliche Revolution der Sprache aber, in der die Stimme vernommen wird, ist der einzige Gegenstand, von dem in diesem Lande nicht gesprochen wird, denn die, die die hebräische Sprache zum Leben wieder aufriefen, glaubten nicht an das Gericht, das sie damit über uns beschworen. Möge uns dann nicht der Leichtsinn, der uns auf diesem apokalyptischen Weg geleitet, zum Verderb werden.

Nur im Wissen um diese wirklich entschiedene Position Scholems wird der Realismus verständlich, den er Benjamins vergeblichen Versuchen entgegenbringt, im Hebräischen heimisch zu werden. Es spricht für die Größe des Freundes, daß er ihm sein Versagen nicht vorwirft sondern zum Anlaß nimmt, voll Zuneigung zu Benjamins wahrer Bestimmung vorzudringen.

Vor drei Jahren meintest Du, und ich mit Dir, daß Du an einem Punkt angekommen seiest, wo eine fruchtbare Auseinandersetzung mit dem Judentum als der einzige Weg zu einem positiven Fortschritt in Deiner Arbeit erschien. Auf Grund dieser Einsicht, über die wir beide uns gewiß zu sein schienen, habe ich getan, was ich getan habe, in der Absicht, Dir die Möglichkeit einer Realisierung Deiner Intentionen zu

VOR DREI JAHREN
Gerhard Scholem, Brief an Walter
Benjamin vom 20. Februar 1930. Briefe,
S. 510 f.

verschaffen. [...]Ist nicht die damalige, von Dir auch vor Magnes dargelegte und vertretene Auffassung von Dir schon längst überwunden? [...]

Sind nicht offensichtlich die Hemmungen, die nun seit zwölf Jahren etwa in Deiner Stellung zu diesen Dingen sich geltend machen, wenn auch in jeder Epoche Deines Lebens in einer anderen geistigen oder leiblichen Gestalt, so grundlegend, daß es besser ist, anstatt falschen Illusionen über eine niemals aktuell erfolgen könnende Auseinandersetzung über das Judentum, die wir nun bald fünfzehn Jahre für

ANONYM: WALTER BENJAMIN AUF IBIZA. UM 1932. THEODOR W. ADORNO ARCHIV, FRANKFURT A.M.

unsere gemeinsame Sache gehalten haben, nachzuhängen, lieber doch
der (für mich immerhin bedrückenden, aber doch wenigstens eindeutigen) Wirklichkeit Deiner Existenz jenseits jener Welt ins Auge zu
sehen? Es ist ja evident, daß von der Dich jetzt absorbierenden Pro-
blemstellung aus Du wiederum zu anderen kommen wirst, daß Deine
vor drei Jahren geäußerte Meinung, daß ohne den Weg zum Hebräischen Dir nur der aus der Literatur weg in die reine parteipolitische
Arbeit als saubere Tätigkeit absehbar bleibe, sich als übertrieben und
falsch herausgestellt hat, und daß speziell von der Warte Deiner
präsumptiven Stellung als einziger echter Kritiker der deutschen
Literatur aus keine Notwendigkeit eines Weges zum Hebräischen
abzusehen ist.

*Man spürt Benjamins Erleichterung, wenn er in seiner Antwort Scho-
lem das Kompliment macht, nur in ihm einen Zeugen für gelebtes
Judentum gefunden zu haben. Noch hat er die Absicht, ihm darin zu
folgen und dabei über seine esoterische Hinwendung hinauszuwach-
sen.*

Lebendiges Judentum habe ich in durchaus keiner anderen Gestalt
kennen gelernt als in Dir. Die Frage, wie ich zum Judentum stehe, ist
immer die Frage wie ich – ich will nicht sagen zu Dir (denn meine
Freundschaft wird hier von keiner Entscheidung mehr abhängen) – zu
den Kräften, die Du in mir berührt hast, mich verhalte. Wovon auch
immer diese Entscheidung abhängen mag – wie sehr sie auf der einen
Seite eingebettet in scheinbar ihr ganz fremde Sachverhalte, auf der
andern in jenes äußerst angespannte Zögern, das mir in allen wichtigsten Lagen meines Daseins Natur ist – sie fällt sehr bald.

LEBENDIGES JUDENTUM
Walter Benjamin, Brief an Gerhard
Scholem vom 25. April 1930. Briefe,
S. 513.

Es gab eine andere, ans Arabeske grenzende Präsenz des Jüdischen in den deutschen zwanziger Jahren. Der Kopf dieser vergessenen Esoterik war Oskar Goldberg, und er verkündete seiner »Philosophischen Gruppe« eine numerologische Wirklichkeit der Hebräer.

Auf Einladung der Parapsychologischen Gesellschaft hielt der Berliner Religionsphilosoph und Mythenforscher Dr. Oskar Goldberg, in Forscherkreisen durch sein merkwürdiges Buch über die »Wirklichkeit der Hebräer« bekannt (darin er eine biologische Theorie der alttestamentarischen Wunder zu geben versucht), einen interessanten Vortrag über den derzeitigen Stand der Forschung vom Wesen der Kabbala. Gesichert sei, gegen die Argumente einiger Modephilologen, die Erkenntnis vom Wesen der Kabbala als älteste, bis in die vorgeschichtliche Zeit reichende Tradition des Umganges mit okkulten Kräften. Seine eigene Ansicht (vermutlich: daß diese okkulten Kräfte nichts anderes seien als die durch Ritual handhabbaren biologischen Potenzen einer echten Stammesgemeinschaft, und deren gelegentlicher Mißbrauch durch einzelne) stellte Goldberg als noch nicht abgeschlossen zurück, um an einigen überraschenden Beispielen das Wesen der kabbalistischen Prophetie und kabbalistischen Gedankenübertragung zu zeigen; so die Geschichte einer vorweg erlauschten Predigt, die Geschichte eines siebzehn Jahre lang verborgen gebliebenen Briefes, der am Tage des angekündigten Ereignisses gefunden wird, und die Geschichte einer erst durch mehrere Träume und Fehlhandlungen mehrerer Personen kombinierten Schatzfindung.

Naheliegend, daß sich Scholem, wenn auch leicht ironisch, mit einem so schillernden Charakter auseinandersetzte, wie Goldberg ihn in die Kennergemeinde der Kabbalisten trug. Benjamin ver-

AUF EINLADUNG
Anonym, Bericht über einen Vortrag von
Oskar Goldberg in Berlin, 1929. Zeitungs-
ausschnitt, Nachlaß Scholem.

*folgte diese provo-
kante Erscheinung
sehr distanziert, aber
es gab doch eine Zeit,
wo das zentrale Thema
des Goldberg-Kreises
– die Aktualisierung
des Mythos – sich mit
seinem eigenen deck-
te. Scholem brachte in
einem kleinen Porträt
Goldbergs die Züge in
Erinnerung, die selbst
den Blick eines Mannes von der Statur Rosenzweigs auf sich zogen.*

Ein kleiner dicker Mann von der Erscheinung eines Ölgötzen, übte er
eine unheimliche magnetische Kraft auf die Gruppe jüdischer Intellek-
tueller aus, die sich um ihn sammelte – nur am Rande waren auch
zwei oder drei Nichtjuden dabei. Einer von ihnen, Peter Huchel, sagte
mir: »Ich war Schabbesgoi bei Goldberg.« Goldberg, der aus einer
sehr frommen Familie stammte und ein ausgezeichneter Kenner der
hebräischen Bibel war, hatte sich schon als junger Mensch tief in
zahlenmystische Spekulationen über den Aufbau der Thora aus dem
Namen Gottes eingelassen. Vor allem aber war er durch die Visionen,
die er lange Zeit hindurch vor dem Erwachen in schizoiden Dämmer-
zuständen hatte und durch Offenbarungen über die Thora, auf die er
Anspruch erhob, den Eingeweihten dieses Kreises zur unbedingt
verpflichtenden Autorität geworden. [...]

EIN KLEINER DICKER
Gersham Scholem, Walter Benjamin. Die
Geschichte einer Freundschaft. Frankfurt
a. M. 1975, S. 123 –125.

»Es war ein Polyhistor, der über alles und jedes zu reden wußte, ein
Kulturphilosoph, dessen Gesinnung aber insofern gegen die Kultur
gerichtet war, als er in ihrer ganzen Geschichte nichts als einen Verfallspro-
zeß zu sehen vorgab. Die verächtlichste Vokabel in seinem Munde war das
Wort ›Fortschritt‹; er hatte eine vernichtende Art, es auszusprechen, und
man fühlte wohl, daß er den konservativen Hohn, den er dem Fortschritt
widmete, als den wahren Rechtsausweis für seinen Aufenthalt in dieser
Gesellschaft, als Merkmal seiner Salonfähigkeit verstand.« Charakteristik
des »Dr. Chaim Breisacher« in Thomas Manns »Doktor Faustus«. Frankfurt
a. M. 1971, S. 279.

Auf die Wiederherstellung des magischen Bandes zwischen Gott und seinem Volk, dessen biologisches Zentrum er darstelle, lief es bei Goldberg hinaus, wobei Dinge, die er der Aktualisierung in unsere Zeit nicht fähig glaubte, unbesehen beiseite geschoben wurden. Goldbergs Formulierungen waren von ungewöhnlicher Forschheit, Anmaßung und einem gewissen luziferischen Glanz. Er hatte sich zuerst der Theosophie verschrieben, machte sich aber bald selbständig, wobei er sich der beträchtlichen philosophischen Begabung Erich Ungers bediente, der sein Hauptsprachrohr und Interpret wurde. [...] Meine völlig negative Stellung zu den Versuchen, mich in diesen Kreis zu ziehen, und zu der Pseudo-Kabbala, die mir in Goldbergs Namen vorgetragen wurde, brachte Benjamin einige Mal in ziemliche Verlegenheit, da ihm zwar nichts an Goldberg, wohl aber an der Aufrechterhaltung der Verbindung mit Unger lag.

»Im Meer des Unendlichen gibt es keinen Sinn. Das Drama hat einen Sinn, Tun und Erleiden erhalten dadurch einen bannenden Zauber, aber das Leben verläuft endlos, nichts ist abgeschlossen. Das Abgeschlossene aber – gleichviel, ob wir es im Leben herzustellen vermöchten oder nicht – hat eine bindende Kraft, die ich die Gewalt des Rahmens nennen möchte. Und die Existenz eines solchen Rahmens auch im Leben, so glaube ich, gibt dem Dasein der Alten jenen magischen Schein, den das unsere entbehrt.« Erich Unger, Brief an Kurt Breysig vom 7. Februar 1915. Staatsbibliothek Preußischer Kulturbesitz. Benjamin hatte für seine geplante Zeitschrift »Angelus Novus« einen Essay Ungers unter dem Titel »Die Gewalt des Rahmens« fest eingeplant.

ANONYM: ERICH UNGER. UM 1940. SAMMLUNG MANFRED VOIGTS, BERLIN

Wenn man die folgende Kostprobe aus Goldbergs Hauptwerk aufnimmt, wird es verständlich, daß bereits seine Zeitgenossen lieber zur Erläuterungsschrift seines Schülers Unger griffen. Aber ist die Fremdheit dieses Denkens nicht auch ein Versuch, einen Anschluß an das unnahbare Metier des Kabbalisten zu finden?

Die Gleichung: Völker = Götter = Welten läßt sich allgemein folgendermaßen formulieren: [...] Völker sind Institutionen bzw. Unternehmungen zur Aufhebung der Naturgesetze. [...] Da diese Welt die »Welt größter Spannung« ist, so sind sowohl der Elohim IHWH wie die anderen Elohim an der hiesigen Welt »interessiert«. [...] Nun kann aber die Inbesitznahme dieser Welt nur so geschehen, daß die Elohim Rassen- oder Volksgründungen vornehmen, d.h. diese Welt mit Einzelwesen ihrer Art (ihrer metaphysischen Prägung, ihres »Zelem«) bevölkern, um sich Entfaltungsmöglichkeiten zu sichern. Eigentlich hätte nun jedes biologische Zentrum, jeder Elohim, zu diesem Zwecke seinen eigenen Urmenschen herstellen müssen. Das ist in der Tat versucht worden: das Resultat sind die Tiere, von denen jede Spezies einen mißlungenen Menschentyp, besser den mißlungenen metaphysischen Menschen darstellt. Diese Bildung von Ur-Rassen, d.h. die Schaffung verschiedener Stammväter des Menschengeschlechts ist durch einen Überlegenheitsakt des Elohim IHWH über die anderen Elohim verhindert worden. [...] Sowohl die Versuche der kolonisierenden Elohim, eigene Urmenschen herzustellen, als auch deren Beteiligung an der Präformation des Menschen zeigen somit den »transzendentalpolitischen Weltaspekt«, der darin besteht, daß alle Weltinstitutionen zugleich weltpolitische Maßnahmen in transzendentem Sinne, d.h. Machtformulationen und deren Durchsetzungsversuche sind.

Die Zurückhaltung, die Benjamin sich in allem auferlegte, das explizit jüdisch war, gab er erst in den Emigrationsjahren auf, als seine eigene Existenz von außen auf diesen Fluchtpunkt hinge-

DIE GLEICHUNG
Oskar Goldberg. Die Wirklichkeit der Hebräer. Einleitung in das System des Pentateuch. Erster Band [mehr nicht erschienen]. Deutscher Text zur hebräischen Ausgabe [des Pentateuch]. Berlin 1925, S. 30 – 34.

»Goldberg kennen Sie doch? Sonst: er lohnt. In einer Schale von Wahnsinn viele gute exegetische Kerne.« Franz Rosenzweig, Brief an Benno Jacob vom 2. Mai 1927. Rosenzweig. Der Mensch und sein Werk. Gesammelte Schriften, I, Briefe und Tagebücher, 2. Bd. Den Haag 1979, S. 1138 f.

drängt wurde. Damit begann freilich auch die eigentliche Ernte seines jüdischen Denkens. Was immer er in die esoterische Kraft des Zusammenzwingens ungleichwertiger Motive investiert hatte, ja auch wie gut die kaleidoskopartige Form ihm endlich zur Verfügung stand, das wurde erstmals in dem großen Essay sichtbar, der einem gleichgesinnten Melancholiker, Franz Kafka, gewidmet war. Und um das Maß des Unzeitgemäßen voll zu machen, erschien dieser Bilanzversuch im letzten authentischen Sprachrohr, das den deutschen Juden unter Goebbels belassen worden war. Darin gibt es eine Stelle, die damals wie heute überlesen wird und die doch auf eine nur Benjamin zugängliche Weise die Denkbezirke der Moderne und ihrer Kunst, der Geschichtsphilosophie und des Messianismus, an die poetische Stärke der jüdischen Parabel bindet. Es geht längst nicht mehr um Kafka allein. Die Eigenart der jüdischen Sicht, die nun ohne Visier auftreten kann, legitimiert sich in der Fähigkeit, Literatur in den entlegendsten Korrespondenzen eschatologisch erfahren zu können.

HERBERT SONNENFELD: ROBERT WELTSCH (RECHTS) IN DER REDAKTION DER JÜDISCHEN RUNDSCHAU. BELRIN, UM 1935. BERLIN MUSEUM

In einem chassidischen Dorf, so erzählt man, saßen eines Abends zu Sabbath-Ausgang in einer ärmlichen Wirtschaft die Juden. Ansässige waren es, bis auf einen, den keiner kannte, einen ganz ärmlichen, zerlumpten, der im Hintergrunde im Dunkeln einer Ecke kauerte. Hin

IN EINEM CHASSIDISCHEN DORF
Walter Benjamin, »Franz Kafka«, Gesammelte Schriften, II, S. 433 – 436.

»Da Sie mir von Ihren Gesprächen mit Benjamin erzählt haben, glaube ich, daß Sie am besten die richtige Note finden würden, um in diesem Zusammenhang über B. als jüdischen Denker oder überhaupt über die Beziehungen seines Denkens zum Judentum etwas zu sagen. Sie haben darauf aber nicht geantwortet! Vielleicht tun Sie es noch.« Robert Weltsch, Brief an Gerhard Scholem vom 27. Juli 1928. Nachlaß Scholem.

כזית מירור ומורבה ויאבל ביחד כאחד

ויתן יכולך ויוכל בלא טיבו ובלא בירכה זכר ליקדש כהילל ויתן ומולבי

דיהיר כד יוכיץ וטוותין כל יערביהב ויוהיר הספורה יקח ויענה שתחת

שתחת העיפה ויפיקיװן ויוכל כזית ויתן יכולך וטטלין ידיהב ולא

ויבירכין ומי טװניק חהרװעק חובה ולין טעמן ביכה

ובידזװן כוס שליישי לברכה הבזזין

וװװזין כוס רביעי ותל הגרדו ואװ עליו שפוך

DER MESSIAS MIT DEM PROPHETEN ELIAS VOR DEM TOR ZU JERUSALEM. HAGGADAH-HANDSCHRIFT DES FÜNFZEHNTEN JAHRHUNDERTS. COD. HEBR. 200, S. 24V., BAYERISCHE STAATSBIBLIOTHEK, MÜNCHEN

und her waren die Gespräche gegangen. Da brachte einer auf, was sich wohl jeder zu wünschen dächte, wenn er einen Wunsch frei hätte. Der eine wollte Geld, der andere einen Schwiegersohn, der dritte eine neue Hobelbank, und so ging es die Runde herum. Als jeder zu Worte gekommen war, blieb noch der Bettler in der dunklen Ecke. Widerwillig und zögernd gab er den Fragern nach: »Ich wollte, ich wäre ein großmächtiger König und herrschte in einem weiten Lande und läge nachts und schliefe in meinem Palast und von der Grenze bräche der Feind herein, und ehe es dämmerte wären die Berittenen bis vor mein Schloß gedrungen und keinen Widerstand gäbe es, und aus dem Schlaf geschreckt, nicht Zeit, mich auch nur zu bekleiden, und im Hemd hätte ich meine Flucht antreten müssen und sei durch Berg und Tal und über Wald und Hügel und ohne Ruhe Tag und Nacht gejagt, bis ich hier auf der Bank in eurer Ecke gerettet angekommen wäre. Das wünsche ich mir.« Verständnislos sahen die andern einander an. »Und was hättest du von diesem Wunsch?« fragte einer. »Ein Hemd « war die Antwort.

Diese Geschichte führt tief in den Haushalt von Kafkas Welt. Niemand sagt ja, die Entstellungen, die der Messias zurechtzurücken einst erscheinen werde, seien nur solche unseres Raums. Sie sind gewiß auch solche unserer Zeit. [...] Im Zeitalter der aufs Höchste gesteigerten Entfremdung der Menschen voneinander, der unabsehbar vermittelten Beziehungen, die ihre einzigen wurden, sind Film und Grammophon erfunden worden. Im Film erkennt der Mensch den eigenen Gang nicht, im Grammophon nicht die eigene Stimme. Experimente beweisen das. Die Lage der Versuchspersonen in diesen Experimenten ist Kafkas Lage. Sie ist es, die ihn auf das Studium anweist. [...] Denn es ist ja ein Sturm, der aus dem Vergessen herweht.

»Die Geschichte darzustellen als einen Prozeß, in welchem der Mensch zugleich als Sachwalter der stummen Natur Klage führt über die Schöpfung und das Ausbleiben des verheißnen Messias.« Benjamin, »Idee eines Mysteriums«, 1927. Gesammelte Schriften, II, S. 1153.

Und das Studium ein Ritt, der dagegen angeht. So reitet auf der Ofen-
bank der Bettler seiner Vergangenheit entgegen, um in der Gestalt des
fliehenden Königs seiner selbst habhaft zu werden.

*Als Benjamin am Ende seiner Pari-
ser Zeit die Vorarbeiten für sein
Passagenbuch um geschichtsphilo-
sophische Reflexionen bereicherte,
notierte er auch zwei Aphorismen,
die seine jüdische Teleologie aussprechen. Sie bilden eine unterdrückte Vorrede zu den Thesen
»Über den Begriff der Geschichte«,
und man tut gut daran, sie bei der
Lektüre dieser testamentarischen
Schrift immer vor Augen zu haben.
Sie sollten einstmals den Leser ent-
waffnen, der einen bequemen Mate-
rialisten beerben wollte.*

ANONYM: DAS GEBET DER ENGEL
IM TEMPEL SALOMONS. FRANZÖ-
SISCHER KUPFERSTICH DES ACHT-
ZEHNTEN JAHRHUNDERTS. SAMM-
LUNG HANS PUTTNIES, FRANKFURT
A.M.

Im Eingedenken machen wir eine Erfahrung, die es uns verbietet, die
Geschichte grundsätzlich atheologisch zu begreifen, so wenig wir sie
in theologischen Begriffen zu schreiben versuchen dürfen.
Mein Denken verhält sich zur Theologie, wie das Löschblatt zur
Tinte. Es ist ganz von ihr vollgesogen. Ginge es aber nach dem Lösch-
blatt, so würde nichts, was geschrieben ist, übrig bleiben.

IM EINGEDENKEN
Walter Benjamin, Notizen zu den Thesen
»Über den Begriff der Geschichte«,
Gesammelte Schriften, I, S. 1235.

DRITTES
KAPITEL

GISELE FREUND: WALTER BENJA-
MIN LIEST IN DER WOHNUNG VON
ADRIENNE MONNIER. PARIS, 1938.

DR. HUBERTUS HIRSCH

S eine Thesen sind oft nur deshalb so verführerisch schön, weil er ihren Beweis unbedingt am Trapez vornimmt. Benjamins Schriften strahlen, bevor sie stimmen, und man wird von ihrer Botschaft eher entwaffnet als überzeugt. Adorno hat diese Leuchtkraft des Literaten unvergeßlich auf den Begriff gebracht, als er in Benjamin den Hubertushirschen erkannte. Die Breitenwirkung gerade der plakativen Gedanken – wie der des »Kunstwerk«-Essays – gaben dem Strategen Benjamin posthum recht. Doch anfangs war das Metier des Schreibens für ihn ein esoterischer Akt. Gerhard Scholem, der damals seine Briefe wie Offenbarungen las, berichtet im Tagebuch von 1916 von ihrer betäubenden Wirkung.

Den großen Brief Benjamins endlich richtig gelesen. Es geht mir mit dem Verständnis Benjaminscher Sachen immer ganz merkwürdig: zuerst stehe ich irgendwo auf der weiten Welt und Benjamin am Himmel, dann nähert sich mir das Ausgedrückte und plötzlich: noch jedesmal habe ich genau den augenblicklichen Ruck verspürt, bin ich im Zentrum, haben die Dinge nichts Schwieriges mehr für mich, und kann ich mich mit jenen Anschauungen ganz identifizieren und sie fortbilden. Und mehr als irgendwo gilt dies von den sprachphilosophihen Überlegungen, an denen ich ja sowieso nicht ganz unschuldig bin.

DER GROSSE BRIEF
Gerhard Scholem, Unveröffentlichte
Tagebucheintragung vom 23. August 1916.
Nachlaß Scholem.

Seinen wirklichen Durchbruch hoffte Benjamin mit einem neuen »Athenäum« zu erzielen, in dem er sein schlegelsches Debut über Goethe geben könnte. Die Inflation beendete diesen Traum, aber Erich Rothacker, der den »Wahlverwandtschaften«-Essay dann für die eben gegründete »Deutsche Vierteljahrsschrift« erhielt, bestätigte ihm mit der Ablehnung wenigstens seine hermetische Form.

Ich habe mit meinem Mitherausgeber mehrere Briefe über Ihren Aufsatz gewechselt mit dem Ergebnis, daß wir beide lebhaft für starke Kürzungen desselben eintreten. Ich weiß, daß Sie dazu wenig Lust haben werden, aber in dieser scheinbaren Unkürzbarkeit möchte ich gerade trotz der Reife Ihrer Arbeit eine gewisse Jugendlichkeit erkennen. Junge Autoren sind ihrem Gedankenandrang gegenüber leicht wehrlos und halten in dem Gefühl, etwas zu sagen zu haben, ihre Exkurse meist für wichtiger als den Kern. Ich möchte gewiß nicht behaupten, daß mich diese Exkurse nicht ebenso lebhaft interessiert hätten, wie das unmittelbar auf die Wahlverwandtschaften bezügliche, aber die Abhandlung über die Wahlverwandschaften[...] ist [...] überwuchert von Reflexionen, die ich mit Vergnügen als besondere Abhandlung auch einmal drucken würde. Bitte überlegen Sie das ernstlich und versuchen Sie, besonders den ersten Teil ganz wesentlich zu kürzen, die Arbeit könnte wohl auf die Hälfte ihres Umfangs gebracht werden. Die Auseinandersetzung mit Gundolf, die mich besonders interessiert hat und der ich in vielem zustimme, wäre sowieso in dieser zu scharfen Form nicht annehmbar gewesen, bringen Sie sie lieber (eventuell als selbstständige Untersuchung) in einer Formulierung, die G., ohne sich etwas zu vergeben, auf sich wirken lassen kann. Er wäre nämlich, wie ich ihn persönlich kenne, der letzte, der Ihre Arbeit nicht würdigte und Ihren ganz andern Standpunkt nicht achtete (bzw. gewisse Schnitzer nicht zugäbe).

ICH HABE MIT MEINEM
Erich Rothacker, Brief an Walter Benjamin
vom 26. April 1923. Universitätsbibliothek
Bonn, Handschriftenabteilung, Nachlaß
Rothacker.

Durch Rang gelangte das Stück schließlich in die »Neuen Deutschen Beiträge«, und Hofmannsthal, der – im Gegensatz zu Rothacker – Benjamin nicht persönlich kannte, veröffentlichte es darin wie eine exquisit gesetzte Annonce auf seinen eigenen, nichtgeorgischen Literatenbund.

Erwarten Sie bitte nun nicht, daß ich über den schlechthin unvergleichlichen Aufsatz von Benjamin, den Sie die Güte hatten mir anzuvertrauen, mich eingehender äußere. Ich kann nur sagen, daß er in meinem inneren Leben Epoche gemacht hat, und daß sich mein Denken, soweit nicht die eigene Arbeit alle Aufmerksamkeit erzwingt, kaum von ihm hat lösen können. Wunderbar ist mir – um von dem scheinbar Äußeren zu sprechen – die hohe Schönheit der Darstellung bei einem so beispiellosen Eindringen ins Geheimnis; diese Schönheit entspringt aus einem völlig sicheren und reinen Denken, wovon ich wenig Beispiele weiß. Sollte dieser Mann ein jüngerer, etwa weit unter meinen Jahren sein, so wäre ich von dieser Reife aufs Äußerste betroffen. Der Zusammenhang tiefster Art mit Ihrer Welt hat mich ergriffen.

ERWARTEN SIE
Hugo von Hofmannsthal, Brief an Florens Christian Rang vom 20. November 1923. Hugo von Hofmannsthal / Florens Christian Rang, Briefwechsel 1905 –1924. Die neue Rundschau, 70. JG., 3. Heft (1959), S. 440.

»Treten Schäder und Burckhardt in ein engeres Verhältnis zum Verlag, so ist ein gutes Teil von dem, was man unter dem Begriff eines Kreises – dem Georgeschen höchst unähnlich – erwünscht und erhofft hat, verwirklicht und daß es nun so viele jüngere Männer sind, ist um so viel mehr Gewinn für die Zukunft. Auch auf Dr. Benjamin zähle ich in ähnlichem Sinne. Man müßte gelegentlich einmal trachten, diese paar Menschen lebendig zu versammeln; vielleicht in Aussee.« Hugo von Hofmannsthal, Brief vom 14. Februar 1925. Deutsches Literaturarchiv, Marbach a.N.

ANONYM: WALTER BENJAMIN IN
EINER MOSKAUER BIBLIOTHEK.
1927. MAX HORKHEIMER ARCHIV,
STADT- UND UNIVERSITÄTS-
BIBLIOTHEK, FRANKFURT A. M.

*Es war schon eine eigentümliche Hoffnung des
Goethe-Interpreten, von der Bremer Presse
ungestraft in die Große Sowjetenzyklopädie
eingehen zu können, denn Karl Radek stolperte
bereits beim Lesen seines Exposés über das Wort
»Klassenkampf«. Lunatscharskijs Gutachten
über den endgültigen »Goethe« lieferte dann
den Beweis, daß er unter den russischen Revolutionären keine
gleichgesinnten Esoteriker gefunden hatte.*

Dieser Artikel [...] ist sehr talentiert und enthält bisweilen erstaunlich
treffsichere Bemerkungen, zieht jedoch keinerlei Schlußfolgerungen.
Außerdem erläutert er weder Goethes Platz in der europäischen
Kulturgeschichte noch für uns in – um es so zu sagen –in unserem
Kulturpantheon. Zudem enthält der Beitrag einige äußerst fragwür-
dige Thesen. [...] Nicht durchlassen darf man die Ausdrücke auf der
fünften Seite: »Die deutschen Revolutionäre waren keine Aufklärer,
die deutschen Aufklärer waren keine Revolutionäre.« Diese ganz und
gar unrichtige Behauptung wird vom Autor selbst später widerlegt,
wenn er vom festen Klassenstandpunkt Lessings spricht, der natürlich
ein Aufklärer war. Die Formulierung gegen jede Art von Umsturz und

DIESER ARTIKEL
Anatolij Lunacarskij, Brief an die
Redaktion der Großen Sowjet-Enzyklopädie
vom 29. März 1929. Moskauer Tagebuch,
S. 215 f.

gegen den Staat auf derselben Seite ist sehr verschwommen, und auch die tiefere Ursache für Goethes Antipathie gegen die materialistische Weltanschauung Holbachs ist mit keinem Wort erwähnt. [...] Im übrigen empfehle ich nochmals, den Artikel Benjamins nicht zu drucken.

Im Licht dieser Goethe-Strategie muß das folgende Interview, das Benjamin einer moskauer Abendzeitung gab, als ein weiterer unangemessener Versuch erscheinen, das Blatt zu seinen Gunsten zu wenden.

Das verstärkte Interesse an sowjetischer Kunst, das man in Europa beobachten kann, lockt auch weiterhin einen Zustrom ausländischer Kunstwissenschaftler in die UdSSR. In Moskau eingetroffen, um Material zur sowjetischen Kunst zu sammeln, ist der bekannte deutsche Kunstwissenschaftler Doktor Walter Benjamin, Autor der interessanten Arbeiten »Die Kunsttheorie der deutschen Romantiker«, »Die Theorie der Übersetzung«, »Die Dramatik der Barockepoche in Deutschland« u.a., ein sozialistischer Kunstwissenschaftler in der Art Hausensteins. Doktor Benjamin, der sich zum Studium der italienischen Kunst anderthalb Jahre in Italien aufgehalten hatte und danach wieder in Deutschland weilte, teilte in einem Gespräch mit unserem Mitarbeiter seine interessanten Beobachtungen und Informationen zur Kunst in diesen Ländern mit.

Nach Doktor Benjamin hat der Faschismus der modernen italienischen Kunst sein tödliches Siegel aufgeprägt. Der Futurismus — ursprünglich entstanden als eine kleinbürgerliche Strömung in der

DAS VERSTÄRKTE INTERESSE
Interview mit Walter Benjamin, »Europäische und sowjetische Kunst«, Wecernjaja Moskwa, 14. Januar 1927, Nr. 11, S. 2. Übersetzt von M. Dewey für die Zeitschrift für Slawistik 30, Nr. 5 (1985), S. 697–700.

Kunst – hat schon seit langem bürgerlichen Charakter angenommen. Doktor Benjamin schlußfolgerte, daß es für die italienische Kunst keine Zukunft gibt: Die heutige Kunst in Italien ist Sache einzelner Personen und wird genau so lange existieren, wie ihre wichtigsten Exponenten – Marinetti, d'Annunzio und der Exponent des Faschismus, Mussolini – existieren. In Italien befindet sich die Kunst in völliger Abhängigkeit von den Unternehmern. Die Hauptforderung, die man z.B. an ein Gemälde stellt, ist, daß es als Dekor fungiere, daß es – wie sich Picasso ausdrückte – ein »Loch in der Wand« sei, während in der UdSSR die Kunst in den Dienst der Industrie und des Alltagslebens tritt. Auch die Architektur entwickelt sich in Italien nicht weiter. Von ihr verlangt man vor allem, daß sie »schön«, daß sie dekorativ sei. In der UdSSR sucht die Architektur die Entwicklung neuer Formen des Alltagslebens zu befördern; das Wichtigste an den Gebäuden ist ihre Geräumigkeit.

Doktor Benjamin sprach über die von ihm gesammelten Fotografien, Plakate und Diagramme, die ein anschauliches Bild von der sowjetischen Kunst vermitteln, und stellte dabei mit großem Interesse fest, daß es das im Westen überhaupt nicht gebe, daß Künstler Diagramme anfertigten. Zur deutschen Literatur gab Doktor Benjamin eine Reihe interessanter Informationen. Das herausragende Ereignis im literarischen Leben Deutschlands sind die Bücher des Dichters und Dramatikers Emil Ludwig, der die UdSSR besucht hat und in Deutschland Vorträge über sie hält. Es handelt sich dabei um Bücher über Wilhelm II. und über Bismarck. Das objektive Verhältnis des Autors zu den Abgöttern der deutschen Bourgeoisie war der Grund für die Sensation, die ihr Erscheinen auslöste. Andererseits ist dieser Erfolg ein Symptom für die politische und ökonomische Wiedergeburt deutschen Nachkriegsbourgeoisie, die der Autor dazu anhielt, sich den von ihr verehrten »Helden« zuzuwenden.

Nach dem Niedergang des Expressionismus herrscht jetzt in der modernen deutschen Kunst eine große Flaute. Es gibt weder neue originelle Begabungen noch neue schöpferische Ideen oder Theorien. Die bemerkenswertesten Werke der deutschen Literatur sind nach wie vor die des vor nicht allzu langer Zeit verstorbenen Paul Scheerbart, obgleich sie beim breiten Publikum keinen Erfolg haben. Scheerbarts Bücher sind utopische kosmologische Romane, in denen dem Problem der interstellaren Beziehungen nachgespürt wird und Menschen als Schöpfer von Maschinen und Erschaffer einer idealen Technik dargestellt werden. Die Romane sind durchdrungen vom Pathos der Technik, von dem für die Literatur ganz und gar neuen und ungewohnten Pathos der Maschine, das indes weit davon entfernt ist, soziale Bedeutung aufzuweisen, weil die Helden Scheerbarts die Weltharmonie anstreben und das Erschaffen der Maschinen für sie nicht aus ökonomischen Gründen wichtig ist, sondern als Beweis für gewisse ideale Wahrheiten. Diese Abstraktheit ist auch der Grund dafür, daß die Romane keine besondere Beachtung finden.

Die älteren Schriftsteller Deutschlands treten auf der Stelle. Hauptmann ruht sich auf seinen einstigen Erfolgen aus und schreibt unge-

ANONYM: RUSSISCHER ARBEITER BEIM DAME-SPIEL. UM 1930. SAMMLUNG HANS PUTTNIES, FRANKFURT A. M.

reimte phantastische Sachen. Thomas Mann hat einen Persönlichkeitswandel durchgemacht, doch ist dies weder von besonderer Bedeutung für sein Schaffen noch von gesellschaftlichem Interesse. Schnitzler macht aus seinen Werken freudianistische Traktate. Insgesamt erlebt Deutschland jetzt einen bedenklichen Niedergang der Kunst. Das einzige Land, in dem sie sich weiterentwickelt und einen mehr und mehr organischen Charakter annimmt, ist die UdSSR, sagte Doktor Benjamin abschließend.

Zurück in Deutschland, gelingt es Benjamin, durch Rezensionen für die »Literarische Welt« und die »Frankfurter Zeitung« eine Regelmäßigkeit und Ökonomie in seine Schreibarbeit zu bringen. Der Journalist Soma Morgenstern wird sich später an die intimen Spannungen erinnern, die sich aus der thematischen und menschlichen Rivalität im Netzwerk der Literaten ergaben.

Benjamin erschien in Begleitung von (damals noch) Dr. Wiesengrund, oder sagen wir: von Teddy, denn damals war ich noch mit ihm befreundet. Wir saßen in Kracauers Zimmer, der abwesend war. Walter Benjamin, noch unter dem Eindruck unserer ausgedehnten Gespräche über Kraus, kam darauf zurück. Dann sagte er: »Ich habe diese Nacht von Kraus geträumt. Er saß in einem Zimmer vor einem großen Tisch. Alles war in einer Fläche, ohne Perspektive...« Hier warf Wiesengrund ein: »Wie in mittelalterlichen Bildern.« Benjamin schwieg und sah mich lange an. Aber ich verstand nicht, was der Blick bedeutete. Dann erzählte er weiter: »Auf dem Tisch, hinter dem Kraus saß, lagen viele Revolver von verschiedener Größe. Karl Kraus disputierte kurz mit jedem Vorbeigehenden, dann schoß er auf ihn.« — »Auf jeden mit einem anderen Revolver!« warf Teddy ein. Benjamin blickte mich wieder an, und wieder verstand ich nicht warum. Dann erzählte er den Traum weiter: »Eine lange Reihe ging an Kraus vorbei,

BENJAMIN ERSCHIEN
Soma Morgenstern, Brief an Gershom
Scholem vom 22. Januar 1973. Nachlaß
Scholem.

und mit allen wurde er auf gleiche Weise schnell fertig. Dann erhob er sich mit einem Ruck. Erschreckt wachte ich auf.«

Als Kracauer kam, kamen wir wieder auf Kraus zu sprechen, und Teddy ließ es sich nicht nehmen, Krac von Benjamins Traum ausführlich zu unterrichten. Beim Weggehen flüsterte mir W.B. zu, daß wir ohne Teddy zu Mittag essen wollen. Unter einem Vorwand verabschiedeten wir uns schon vor dem Haus der »Frankfurter Zeitung« von Wiesengrund. Beim Essen fragte mich Benjamin: »Haben Sie bemerkt, daß Teddy sogar meine Träume kennt, und wie er mir geholfen hat, meinen Traum zu erzählen?« — »Ich dachte, Sie hätten ihm den Traum schon unterwegs erzählt.« — »Keine Spur«, sagte er, »nichts hab ich ihm erzählt. Er folgt mir bis in meine Träume.« Ich fand das damals sehr lustig. Nach einer Weile kam er darauf zurück und sagte: »Hab ich Ihnen schon einmal erzählt, das Teddy Wiesengrund mit Hilfe eines Kapitels aus einem meiner Bücher sich bei einem Professor hier in Frankfurt habilitieren ließ, bei dem ich durchgefallen bin?« Ich habe vergessen, welches Buch Benjamin in diesem Zusammenhang nannte. [...]

Als ich im Mai 1941 endlich New York erreichte, hat Teddy Wiesengrund hier noch gewohnt und ich habe ihn bald gesehn. Wir sprachen natürlich auch über Benjamin. Aber wenn Sie glauben, daß es mir gelungen ist, ihm Wichtiges über W.B. zu erzählen, irren Sie sich. Er war nicht so neugierig. Ich fragte ihn, ob nicht manches, was Benjamin in Paris geschrieben hatte, in Verlust geraten wäre. Er beruhigte mich und sagte mir, daß alles gerettet wurde. Es fiel mir ein, ihn nach dem Essay »Die Aura des Kunstwerks« zu fragen. »Oh ja,« sagte er, »aber das ist ja nur ein kleiner Entwurf. Ich habe eine umfangreiche Theorie darauf aufgebaut.«

»Lieber Krac! bin mit Walter Benjamin hierher gefahren. Viel von Ihnen gesprochen, nach großer Debatte in Frkfrt, die bis 6 Uhr früh gedauert hat. Benjamin hatte prachtvollen Einfall: Untersuchung der deutschen Witzblätter (bedenken Sie es, bitte!) (durch Sie, ihn u. mich.) oder! Sie allein. Er ist hier und läßt Sie grüßen!« Joseph Roth, Undatierter Brief an Siegfried Kracauer aus Paris (Hotel Restaurant Foyot) vom April 1929 . Deutsches Literaturarchiv, Marbach a. N.

ANONYM: ANDRE GIDE UND
BERNARD GROETHUYSEN IN BER-
LIN, 1931. AUS: ALBUM GIDE. PARIS,
1985. ABB. 258

In Berlin hatte Benjamin sich eine Nische in der »Literarischen Welt« gesichert. Er war der Beobachter der französischen Szene, und so mußte der Besuch André Gides in Deutschland für ihn die Chance enthalten, sich als Kenner und Übersetzer Prousts zu profilieren. Was lag also näher, als in einem journalistischen Gespräch mit dem écrivain de son temps die Rede auf Proust zu bringen? Den Kontakt stellte Pierre Bertaux, der Sohn des Schriftstellers, her, und seine Mitschrift der Begegnung, die wir im folgenden auszugsweise übersetzen, lag zweifellos Benjamins publiziertem Bericht zugrunde.

Benjamin fragt, was Gide von Proust hält:
Gide: »Ein paar unveröffentlichte Seiten, die im Capitole (Pigault) erscheinen werden, sind Proust gewidmet. Ich hätte viel über Proust zu sagen. Proust ist einer unserer größten Zeitgenossen. Er ist kein Neuerer. Er hat nichts Neues in der Psychologie hervorgebracht. Er lebte in der Erinnerung. Seine Erklärung der Erinnerungen ist fabelhaft.

BENJAMIN FRAGT
Pierre Bertaux, Brief an Félix Bertaux vom
24. Januar 1928. Gesammelte Schriften,
VII, S. 621– 624. Übersetzung aus dem
Französischen.

Seltsam, wie er seine Figuren komponiert hat. Charlus weicht von seinem Vorbild ab. Ich bin ziemlich sicher, daß Lyautey eines der lebenden Vorbilder des jungen Charlus war. Da ist auch Montesquiou, den ich nie kennenlernen wollte, weil er mir unerträglich war, und der Baron von Oesans, ein armes Wesen, ein undefinierbarer Waschlappen. Das gleiche gilt für seine anderen Helden.

Eine fixe Idee von Proust: Er schrieb mir einen sehr interessanten Brief, den ich veröffentlichen werde, in dem er mich zur »Glasrosetten-Komposition«, der »Verliese des Vatikan« beglückwünschte. Besessen von dieser Komposition in Rosettenform. Im Grunde die Verfahren des Kinos, die Doppelbelichtung, die Überblendung... Eben alles, was es an Künstlichem gibt... Man sage uns nicht: bewundernswert diese Entwicklung, dieser Niedergang von Charlus. Das kommt doch nur daher, daß er sein Vorbild verlassen hat. Er ist ein Meister der Verschleierung. Er hatte große Angst vor der öffentlichen Meinung. Wollte sich die Salons nicht versperren. Hat mit dieser Verachtung gesprochen, hat damit die verbotenen Dinge in Verruf gebracht; er hat seinen Charlus nachträglich herabgewürdigt, um seinen eigenen Ruf zu bewahren. Er erklärte, er daß selbst niemals die weibliche Liebe kennengelernt habe. Mit einem Teil seiner Erfahrung hat er die »junge Mädchenblüte« gemacht, mit dem Rest diesen Abgrund von Charlus. Ein Meister der Verschleierung.

Übrigens war ich es, der Proust bei der Nouvelle Revue Française ablehnte. Ich kannte Proust sehr gut. Als er sein Manuskript brachte, blätterte ich es durch: Salongeschichten, von den feinen Leuten; was ich davon sah, hätte mich aufmerken lassen müssen. Aber im Einverständnis mit George Schlumberger und Copeau lehnten wir es ab. Proust schickte daraufhin seine Zeugen zu Copeau (so sehr lag ihm daran, in der NRF zu erscheinen) und ich ließ erklären, er sei krank, liege im Bett, würde aber aufstehen um sich zu schlagen. Copeau ging zu ihm hin. Ein außergewöhnlicher Besuch; dieser Kranke, im Bett, mit Handschuhen aus Flockseide, um nicht an den Nägeln zu kauen, mit Korkplatten an den Wänden und geschlossenen Fensterläden am hellichten Tage, mit brennenden Lampen. Und Copeau kam zurück. Überwältigt von seiner außergewöhnlichen Unterhaltung. Grasset hatte schon den ersten Band herausgegeben, als uns die Erleuchtung kam. Wir beschlossen alles zu tun, um ihn zurückzubekommen, und ich weiß nicht mehr, mit welchem Kunststück wir ihn wieder zur NRF holten.

Meine Meinung über ihn hat sich also ziemlich geändert. Ich bin weniger begeistert, als ich eine zeitlang war. Er ist kein schöpferischer Geist. Und ich kann mir nicht helfen, in ihm einen Charakter zu sehen, der nicht auf der Höhe seiner psychologischen Einsicht steht. Er ist ein wenig lasch. Ich habe keine Beziehung zu den Figuren Prousts.« Benjamin erinnert an den Effekt des Aquariums. Gide: »Ja, er war dessen selbst bewußt. Es gab einen anderen Proust, als den Proust voller Eitelkeiten. Einen anderen Proust in den »Tagen der Freuden«. Die nichterblühten Knospen eines anderen Proust. Es gehört zu den Ideen, die mir teuer sind, daß wir uns nicht genug mit der Naturgeschichte befassen, wir hätten viel aus ihr zu lernen. Ich selbst habe einen Garten, wo ich Beobachtungen anstelle. Es ist seltsam zu sehen, wieviele Möglichkeiten der Knospenbildung es fast den ganzen Stamm entlang gibt (ungeachtet der Größe der Pflanzen). Barrés, Barrés ist vom Baum zerstört. Der Baum, der sich nach allen Seiten hin erstreckt, der seine Äste in alle Richtungen treibt, genau das läuft am direktesten und sichersten der Theorie von Barrés zuwider.

»In den letzten Tagen hatte ich eine große Freude. André Gide war in Berlin und hat, als einzigen deutschen Publizisten, mich empfangen und mir eine zweistündige Unterhaltung gewährt, die ungeheuer interessant war, und von der Du einen, freilich sehr für die Öffentlichkeit zensierten Bericht wahrscheinlich in der »Literarischen Welt« lesen wirst. Was Du daraus kaum ersehen wirst, ist, daß das Gespräch wundervoll war und was es bedeutet.« Brief an Gerhard Scholem vom 30. Januar 1928. Briefe, S. 457.

Die Abschweifung nur, um zu sagen, daß es bei Proust andere Knospen gab, andere Möglichkeiten für Knospen, die sich nicht entfaltet haben. Viele Knospen, die dem Verkümmern überlassen wurden«.
[...]

Gide, im Aufbruch: »Es war mir ein Vergnügen, Herr Benjamin, mit Ihnen zu plaudern. Alle drei haben wir interessante Dinge berührt, und ich war glücklich zu spüren, wie wir aufeinander reagierten. Es gibt brillante Plauderer. Cocteau, so jung er auch sein mag, ist ein brillanter Plauderer. Proust war überwältigend. Valéry hat einen wunderbaren Gesprächsstil, der ein Monolog ist. Eines Tages sagte er zu mir (das war fünfzehn Jahre vor dem Krieg, zur Zeit, als er im Ministerium beschäftigt war): »Jeden Tag treffe ich jemanden auf der Plattform der Straßenbahn, mit dem ich mich eine halbe Stunde lang sehr angenehm unterhalte. Ich möchte Ihnen meinen Freund vorstellen, er ist sehr intelligent.« Tja, und dieser so intelligente Freund, das war der Schwimmeister des Bades von Rochechouart, und Valéry wußte nichts davon. Er sprach mit ihm über Astronomie, Mathematik, Philosophie, und der andere sagte immer: ja... ja... und lächelte.«

Dann ist Benjamin gegangen. Nach einem anderthalbstündigen Gespräch (2 Stunden, glaube ich) habe ich mit Gide und Marc gegessen. Gide sagte mir: »Er ist sehr angenehm, dieser Herr Benjamin. Allerdings habe ich die meiste Zeit mit Ihnen gesprochen.«

Aus Benjamins Hand las sich die Proust-Passage ganz anders, Werbetexte diktieren ihre eigene Form. Die Rücksicht, die er vermeintlich auf Gide und das vom Klatsch nicht verwöhnte Deutschland nahm, verdeckte doch nur unvollkommen seine Strategie, die Proust-Legende zu importieren.

Papier und Bleistift mußten beiseite bleiben, und wenn die folgenden Worte authentisch sind, so danken sie es der Schärfe der leisen, begeisterten Stimme, von der sie kamen. [...] Der junge Gide ist Zeuge der unvergessenen Zeit gewesen, da Proust, der blendende Causeur, in den Salons aufzutreten begann. »Ich habe ihn, wenn wir uns in Gesellschaft begegneten, für den rabiatesten Snob gehalten. Ich glaube, er wird mich nicht anders eingeschätzt haben. Keiner von beiden ahnte damals die nahe Freundschaft, die uns verbinden sollte.« Und als dann eines Tages der meterhohe Stoß von Heften auf dem Verlagsbureau der NRF eintraf, war zunächst alles fassungslos. Nicht gleich wagte sich Gide in diese Welt zu versenken. Als er es aber begonnen, da erlag er ihrer Faszination. Seitdem ist Proust ihm einer der größten unter allen Bahnbrechern dieser jüngsten Eroberung des Geistes: der Psychologie. [...] Wir kommen auf Proust zurück. Gide entwirft die nun schon klassisch werdende Schilderung von diesem Krankenzimmer, diesem Kranken, der da im ständig verdunkelten Gemach, das, um Geräusche abzuhalten, ringsum mit Kork ausgelegt, selbst seine Fensterläden waren mit Polstern gefüttert – nur selten Besucher sah, auf seinem Bette, ohne Unterlage, von Haufen vollgekritzelten Papiers umtürmt, schrieb, schrieb, noch seine Korrekturen, statt sie zu lesen, mit Zusätzen überdeckte »bien plus que Balzac« (noch mehr als Balzac).

Bei aller Bewunderung aber spricht Gide es aus: »Ich habe mit seinen Menschen keinen Kontakt. Vanité – das ist der Stoff, aus dem sie gemacht sind. Ich glaube, in Proust hat vieles gelegen, was er nicht zum Ausdruck gebracht hat, Knospen, die sich nie haben erschließen können. In seinem späteren Werk hat eine gewisse Ironie die Oberhand über das Moralische und Religiöse gewonnen, das in den frühen

PAPIER UND BLEISTIFT
Walter Benjamin, »Gespräch mit André Gide«, Gesammelte Schriften, IV, S. 502 – 505.

ANONYM: CHARLES HAAS, DER PROUST FÜR DIE FIGUR DES SWANN VOR AUGEN STAND. UM 1880. SAMMLUNG HANS PUTT- NIES, FRANKFURT A.M.

Schriften vernehmbar ist.« Auch scheint es, als erkenne der Dichter eine von Ironie bisweilen verhüllte Zweideutigkeit des Proustschen Wesens in einem Grundzug seiner Technik, seiner Komposition. »Man spricht von Proust dem großen Psychologen. Gewiß, er war es. Wenn man aber so oft darauf hinweist, wie kunstvoll er es verstünde, den Wandel seiner Hauptfiguren in der Folge ihres Lebens darzustellen, so übersieht man vielleicht das Eine: Jede seiner Figuren, bis zur kleinsten herab, ist nach einem Modell gearbeitet. Dieses Modell aber blieb nicht immer dasselbe. Für Charlus zum Beispiel waren es sicher zumindest zwei; dem Charlus der letzten Epoche hat ein ganz anderer zum Vorbild gedient als dem stolzen der ersten.« Gide spricht von Surimpression, von einem »fondu«. Wie im Film verwandelt sich eine Person allmählich in eine andere.«

Es fällt nicht schwer, sich den Arbeitsstil vorzustellen, in dem Benjamin und Hessel versuchten, Proust zu verdeutschen. Beide wohnten in den Feinheiten der französischen Sprache, und wenn ihr Deutsch in diesem Fall etwas wohlfeil und schwer ausfällt, dann wird man kaum ihre Gestaltungskraft, sondern die Diktiergeschwindigkeit dafür verantwortlich machen müssen. Freilich war auch das nicht schlimm. Nach dem Desaster der schottländerschen Übertragung wurde der Neuansatz der beiden Frankophonen von den Berliner Kollegen durchweg gelobt. Nur der Ästhet Richard Schaukal beharrte auf seinem Dissens.

Dieser in jedem Betracht mühsame Versuch, den auch im Französischen nur mit der größten Aufmerksamkeit in seiner unendlichen Melodie zu verfolgenden Rhythmus der Sprache Prousts im Deutschen wiederzugeben, ist nicht als gelungen zu bezeichnen. Voraussetzung ist, abgesehen von tiefster Vertrautheit mit dem hellseherischen französischen Ausdruck, ein geradezu nachtwandlerisch-sicheres deutsches Sprachgefühl, von dessen, nur wenige große Schriftsteller

DIESER IN JEDEM
Richard von Schaukal, Besprechung (Marcel Proust, Die Herzogin von Guermantes. Übersetzt von Walter Benjamin und Franz Hessel), Literarischer Handweiser, Bd. 67, Nr. 12 (1930/31), S. 753.

»Warum schlagen mich die Kohlenträger nicht tot, denen ich auf der Treppe begegne, wenn ich in Lackschuhen mit der Zigarette um halb elf in mein Bureau im auswärtigen Amt spaziere?«

»Der typische Vertreter des neunzehnten Jahrhunderts – des Jahrhunderts der Lüge – ist der geadelte »Bürger«. Die Söhne spielen bereits die Aristokraten, und den Enkeln glaubt man es – aus Bequemlichkeit.«

»Stil im Schreiben (wie Geschmack im Leben) ist nur Vorläufigkeit, nicht Erfüllung. Größe bedarf keines Erkennungszeichens.«

auszeichnendem Besitz, die beiden Übersetzer keinen Hauch verspürt haben. Ein Beispiel für hunderte: »Kam aber die Herzogin zum Diner, hütete sich die Prinzessin, ihre ständigen Gäste da zu haben; sobald man vom Tische aufstand, schloß sie ihre Tür, damit nur ja keine weniger erwählten Besucher erschienen, welche… « Man kann nicht behaupten, daß es ein Verdienst sei, einem Zauberer wie Proust den »Inhalt« nachzustümpern.

Der schwierigste Schritt für einen jungen Autor bestand auch in den zwanziger Jahren darin, von der Belieferung des literarischen Markts zum monographischen Ausdruck seines Charakters zu gelangen. Benjamins »Einbahnstraße« kam diese Brückenfunktion zu: sie war Feuilleton und Traktat in einem, Flirt mit dem Zeitgeist und seine bissige Widerlegung. Den idealen Leser des à la Tschichold gestalteten Broschurbands fand Benjamin schon in seinem Lektor. Franz Hessel, selbst berühmt für seine literarischen petits fours, hatte ihn zu Rowohlt gebracht, und in den zeitgenössischen Reaktionen auf die »Einbahnstraße« fällt seine Anzeige nicht nur durch ihren Wörterglanz auf. Sie war die erste Flagge, die auf dem philosophischen Planeten Benjamin errichtet wurde.

Leben und Meinungen des Herrn Andreas von Balthesser, eines Dandy und Dilettanten, mitgeteilt von Richard Schaukal. München und Leipzig 1907, S. 161–174. Ein Exemplar der Vorzugsausgabe von 1908 widmete Schaukal Maximilian Harden mit den Worten: »Stimmung der Zeit um die Jahrhundertwende: keep smiling«.

ANONYM: FRANZ HESSEL. UM 1928. ULLSTEIN BILDERDIENST, BERLIN

Philosoph – war das nicht das Geschöpf, das am meisten Zeit hat? Und Wahrheit die Station, zu der man noch immer zurecht kommt? Benjamin schraubt der Erkenntnis einen Geschwindigkeitsmesser an, und dem Denken, das den Rekord bricht, fällt die Wahrheit als Wanderpreis zu. Nicht zu bürgerlichem Besitz. Der Erkenntnis als Privatangelegenheit wird genauso der Krieg erklärt wie den Privatgelüsten der Erotik, der religiösen und politischen Gesinnung.[...] Dem Philosophen, der hier auf die Straße geht, ist Erkenntnis kein Abseits, keine Einsamkeit, kein Verzicht. Aus seinen Worten spricht dauernde Einladung, mitzutun, mitzudenken. All die starren Schilder, die Überzeugungen, müssen herhalten zu neuer zerschlagender Deutung. Seine Revanche an der Banalität der Affiche ist grausam, aber dem echten Denker müssen alle Schilder zum Besten dienen. Er liest seine Politeia vom Feuermelder, weissagt aus einem Kaiserpanorama die Inflation, liefert Marseille, Stadt und Hafen, als »Stückgut« auf einen Speicher. Wir lernen Weltgeschichte an Briefmarken, Geographie im Frachtdampfer, bei der Kartenschlägerin Ethik, Ethnologie in der Kinderstube. [...] Sasha Stone, unser bester Techniker der Photomontage, hat den Einband gemacht: Anschauungsbilder zu einem Lehrbuch, das uns Lust macht, in die Sexta des Lebens zu gehn.

WALDEMAR TITZENTHALER: KABEL-
ZENTRALE DES FERNSPRECHAMTS.
BERLIN, 1900. SAMMLUNG HANS
PUTTNIES, FRANKFURT A. M.

PHILOSOPH
Franz Hessel, »Bücher, die das Tagebuch
empfielt: Walter Benjamin. Einbahnstraße.
Ernst Rowohlt Verlag«. Das Tagebuch, Heft
9 (1928), S. 861 f.

Schade, das wir über den jungen Werner Milch nicht mehr wissen, als daß er sein Germani-
stikstudium mit Rezensionen für das berliner »Tageblatt« durchbrach. Nach den Emigra-
tionsjahren kehrte er auf einen Romantiklehrstuhl nach Marburg zurück. Er hätte Besse-
res verdient, seine literarische Begabung war erheblich. Die Doppelkritik der »Einbahn-
straße« und des Trauerspielbuchs schlägt auch den heutigen Leser noch in ihrem Bann.
Man wird in der ganzen Benjamin-Philologie kaum solche fünfzig Zeilen finden, die so

Walter Benjamin läßt sein gelehrtes Werk über die Barocktragödie
ganz entgegen wissenschaftlichem Brauch in unübersichtlich fetter
Fraktur drucken, für sein Aphorismenheft dagegen verwendet er eine
moderne »sachliche« Antiqua. Das darf als Symptom gewertet werden, der ungewöhnlichen Type entspricht in beiden Büchern sonder-
bare Gestaltung des Gedankengutes. Auch ohne den ausdrücklichen
Hinweis des Verfassers (im »Ursprung des deutschen Trauerspiels«)
wäre unschwer die Herkunft der eigentümlichen Form des Bandes
»Einbahnstraße« zu erkennen: Schlegels Fragmente sind Muster
gewesen, und darum dürfen mit Recht ungestaltetes Apercu, tiefsinni-
ger Entwurf, wertloser Witz und geistreich geformte Bemerkung
nebeneinander stehen. Aber Benjamin vernichtet diese klare Komposition, indem er systematisiert: der Schablone »Einbahnstraße«
zuliebe setzt er skurrile, manchmal schlagende, meist öde, herbeigezo-
gene Überschriften vor die locker aneinander gereihten Fragmente.
Der Drang zum System hindert den geistreichen Fragmentisten.

selbstbewußt und
genau den Janus-
kopf unseres Hel-
den aus seinem
Werk ausschnei-
den.

　　Umgekehrt spielt im wissenschaftlichen Werk der gegenwartsfrohe
Criticus dem Gelehrten manchen Streich. Typisch genug schon, daß
vor der gewichtigen Schrift als Motto ein Satz aus der »Einbahn-
straße« stehen könnte: Der Kritiker hat mit dem Deuter vergangener
Kunstepochen nichts zu tun. Doch verbindet Benjamin im gelehrten
Werke Barock und Expressionismus auf die gleiche Art, in der er

WALTER BENJAMIN LASST
Werner Milch, Berliner Tageblatt (Literarische Rundschau), 11. November 1928.

beispielsweise einmal Brusts Roman »Jutt und Jula« als Kritiker fälschlich mit der Gnostik des späten Griechentums verbunden hat. Benjamins zweites gelehrtes Werk läßt die Klarheit vermissen, die seine Dissertation über die Kunstkritik der Romantik auszeichnete. Der »Ursprung des deutschen Trauerspiels« (scil. aus dem Geiste des Barock) ist gleichzeitig eine ästhetische Abhandlung, die prinzipielle Fragen der Philosophie aufrührt, gleichzeitig eine stilgeschichtliche Untersuchung, die Wölfflin-Strichs Thesen von der Antithetik etwas verschwenderisch nützt, gleichzeitig auch noch ein kritisches Essay. Diese drei Gesichtspunkte stören einander derart, daß der von Benjamins (mit Fachausdrücken über Gebühr belasteten) Sprache ermüdete Leser am Ende feststellt, daß er doch nur eine Sammlung von Fragmenten studiert habe. Vielseitige Begabung wird hier zum Verhängnis. Aus dem Nebeneinander der Gesichtspunkte wird Inkonsequenz. Man könnte vielleicht mit einem Worte Josef Nadlers »Schlegelschen Schnupfen diagnostizieren« und von Benjamin als einem Nachfahren romantischer Wissenschaftslehre sprechen. Aber diese Etikette träfe nur eine Seite der problematischen Erscheinung Benjamins, zu deren Deutung es eines längeren Essays bedürfte. Die beiden Bücher, die trotz ihrer verschiedenen Inhalte doch in Form und Methode gleich sind, gleich sind auch in ihrer Mischung aus akademischer Trockenheit, journalistischem Schmiß, philosophischer Filigranarbeit und romantisierenden Purzelbäumen, seien allen Liebhabern geistreichen Außenseitertums dringend empfohlen.

Wer ihn kannte, mußte Benjamins Hang zum Pathos bemerken, besonders in den kennerhaften Porträts literarischer Größen. Jula Radt hielt das für einen falschen Weg, sein Tagebuch zu führen.

AUCH ICH FINDE
Jula Radt, Undatierter Brief an Benjamin
aus dem Jahre 1933. Akademie der Künste,
Berlin.

Auch ich finde, daß wir uns in Briefen weniger zanken können, obwohl mir heute das schwierige Kapitel bevorsteht, Dir über George zu antworten. Du weißt ja, daß ich ganz anders denke als Du, und aus dem Pathos und der Haßliebe, die ich aus Deinem »Rückblick auf Stefan George« fühle, weiß ich, daß Du auf ganz andere Art, aber eben doch von ihm bewegt wurdest. Mir geht es nun so, daß ich durch ein kleines Heft meines Lehrers Robert Boehringer, das ich gerade diesen Sommer hier las (man greift jetzt mehr denn je nach allem was Bestand hat), erneut weiß: »Man kann das Große nur ganz aufnehmen, ganz verehren, ganz lieben, wie man das Gemeine nur ganz verachten kann. Nie steht dem kleineren Geiste zu, das Große bedingt zu lieben oder teilweise oder mit gewissen Vorbehalten. Tut er es dennoch, so hat er seinen Lohn darin; denn damit beraubt er sich gerade des Heiles das ihm vom Großen kommen kann.« – Und falls Du, wie ich annehme, am Schluß Heinle und den Kriegsanfang meinst, so erinnere ich mich eines unvergessenen Males, als Heinle vor der Studentenschaft aus dem »Stern des Bundes« zitierte: »Sagbar ward alles, da das eine floh; fragbar ward alles, drusch auf leeres Stroh.«

CHARLOTTE JOEL: WALTER BENJA-MIN. 1929. AUS: SÜDWESTDEUT-SCHE RUNDFUNK ZEITUNG, 5. JG., NR. 35 (1.9.1929), S. 2

Außerdem finde ich ja, wie bei all Deinen letzten Arbeiten, das Persönliche so sehr im Vordergrund, daß alles wie ein Tagebuchblatt wirkt und nichts darüber hinaus. Du weißt oder weißt es nicht, daß ich fast immer etwas enttäuscht bin, wenn ich etwas von Dir lese.

Belmore fand später das Unpersönliche der benjaminschen Brillianz auch in seinen intimsten Stücken, und er führte die Eigenheit der »Berliner Kindheit« auf die besondere Anstrengung zurück, mit der ihr Autor seine frühe Verschlossenheit vergessen wollte.

Wenn Benjamins Stücke nicht idyllisch sind, so liegt das vor allem an dem erlebenden Subjekt – diesem in sich versponnenen, einsamen, äußerst egonzentrischen Kinde. Die Benjaminsche Tiefe ist da – aber es war oft die Tiefe eines engen, lichtlosen Schachtes, der mit der Umwelt nicht kommunizierte. Menschen kommen in diesen Skizzen kaum vor, weder Freunde, noch die Geschwister; man möchte fast annehmen, Walter sei ein einziges Kind gewesen (die Schwester ist allerdings einmal erwähnt, im Munde der Mutter in einem Traum). Die Mutter selbst wird nirgends Gestalt, wie alle Umwelt ist sie nur in ihrer unmittelbaren Wirkung auf den Erlebenden vorhanden – sie

»Gab es jemals ein so introvertiertes Kind? Wir denken natürlich an den kleinen René Rilke, und was Malte über seine Kindheit enthüllt, auch wenn er uns von Augenblicken enger Verbundenheit mit seiner Mutter erzählt und durchblicken läßt, was Cousinen für ihn bedeuteten. Dagegen scheint der kleine Walter, der Eltern, Bruder, Schwester und Schulkameraden besaß, doch immer schrecklich allein zu sein. Diese Verwandten, die Tanten und sogar die Großeltern, haben zwar alle ihren Buchauftritt, aber nur als Schattendiener der Dinge, nie als Menschen an sich.« German Life and Letters, NF 15 (1962), S. 309 – 313. Aus dem Englischen.

HEINRICH ZILLE: PELZE UND RAUCHWAREN. BERLIN, UM 1910. AUS: WINFRIED RANKE, HEINRICH ZILLE, PHOTOGRAPHIEN BERLIN 1890–1910. MÜNCHEN, 1985, ABB. 108

ANONYM: AUFFÜHRUNG DES RADIOSTÜCKS »TEMPO DER ZEIT« VON HANS EISLER IN DER INSZENIERUNG VON ERNST SCHOEN. AUS: BLÄTTER DES HESSISCHEN LANDESTHEATERS, DARMSTADT, 1931–32

näht, hat ein Schmuckstück, pflegt das kranke Kind: Räume, Möbel, Ornamente waren dem Kinde viel wirklicher als Menschen. [...] Berlin war die Umwelt, die ihn unmittelbar betraf; man hat das Gefühl, daß die Stadt selbst ihm völlig fremd bleibt, so wie ihr Dialekt ihm fremd und fast unverständlich blieb. Er kannte natürlich den alten und den neuen Westen, aber ob er je im Märkischen Museum gewesen ist, oder im Wedding, in der Frankfurter Allee?

Brechts Einfluß auf Benjamin hatte auch seine segensreichen Züge. Er öffnete ihn immerhin – mit Unterstützung durch Ernst Schoen – für den neuen »Apparat«, das textbedürftige Radio, und so wurden aus den berliner »Versuchen« im frankfurter Sender »Hörmodelle«. Das erste Stück gab sich populär – und stieß auf gebührende Ablehnung. Dabei zeigte es sich jedoch, daß Benjamin zwischen Moskau und Paris viel gelernt hatte: er reagierte hochprofessionell und scheinbar völlig unberührt.

WENN BENJAMINS STÜCKE
H. W. Belmore, Brief an Gershom Scholem
vom 21. Januar 1951. Nachlaß Scholem.

Nachdem die Vertreter der führenden Angestelltenverbände in einer Diskussion, die der Aufführung des Benjaminischen Stückes folgte, einzelne Unrichtigkeiten und Fehler herausgestellt, ja sogar den Grundkonflikt als in der Praxis gar nicht vorkommend bezeichnet hatten, ergriff der Autor das Wort zu einer Schlußrede, in der er alle Fehler rückhaltlos zugab, zugleich Absicht und Sinn seiner Stücke, die er ausdrücklich als Versuche (Hörmodelle) bewertet wissen will, einleuchtend darlegte. Er beabsichtigt, eine Reihe von Situationen unseres sozialen Seins aufzuzeigen, in denen der Einzelne vermöge seiner Tüchtigkeit noch etwas erreichen kann, und zugleich will er die betroffenen Schichten »provozieren«, zu selbständigen Gegenäußerungen veranlassen, damit also aus der Masse Publikum Menschen an das Mikrophon bringen, die von selbst nie dahin gekommen wären. Man darf auf die folgenden Hörmodelle um so mehr gespannt sein, als ihre eigentümliche Stellung zwischen Hörspiel und Zwiegespräch vielleicht eine Möglichkeit typisch rundfunkmäßiger Gestaltung darstellt.

Es gibt eine späte Briefäußerung des Verfassers der »Angestellten«, die eine mündliche Erinnerung an das Brecht-Benjamin Verhältnis in Aussicht stellt. Sie wurde nie gegeben, aber vielleicht sagt Kracauers gleichzeitiger Hinweis auf das Preziöse, das er in manchen Schriften des Freundes fand, auch etwas über die Schwäche, der Benjamin selbst marxistisch entfliehen wollte.

Ihrer Auffassung der Schwierigkeiten, in die Benjamin durch die Rezeption des Marxismus, oder was er dafür hielt, geriet, stimme ich durchaus zu. [...] Über Benjamins sklavisch-masochistische Haltung

»Benjamins Kritik: meinst Du die große in der »Gesellschaft«, oder die abgeleitete, kleinere in der L. W.? In jener zum mindesten habe ich eigentlich keine unterirdische Gegenströmung feststellen können. Aber gleichviel: Benjamin hat sich angestrengt, und mir ist ganz egal, was er bei sich denkt. Den eigentlichen Impetus meiner Arbeit hat er verpaßt, wie es gar nicht anders sein kann. Er kennt nicht den Elan zur Realität. An dieser Stelle gähnt bei ihm ein Loch.« Siegfried Kracauer, Brief an Theodor W. Adorno vom 25. Mai 1930. Deutsches Literaturarchiv, Marbach a. N.

NACHDEM DIE VERTRETER
[p.], »Vom Rundfunk«, Frankfurter Zeitung (1. April 1931). Über das Hörmodell von Benjamin und Wolf Zucker, »Gehaltserhöhung?! Wo denken Sie hin!«

IHRE AUFFASSUNG
Siegfried Kracauer, Brief an Gershom Scholem vom 23. Mai 1965. Deutsches Literaturarchiv, Marbach a. N.

»Das erste Hörmodell, das die Bitte um Lohnerhöhung zum Gegenstand hatte, war alles andere als ein Erfolg. [...] Das Rundfunkhaus sandte uns einen Stoß solcher Protestbriefe zu und verlangte, daß wir darauf antworten. [...] In den Antworten, die Benjamin für die kritischen Zuschriften vorschlug und die ich zwar verblüfft, aber widerstandslos mitunterzeichnete, war von Benjamins aggressiver Einstellung gegen die bürgerliche Ideologie nichts enthalten. Seine Briefe waren kurz und unbündig. Regelmäßig dankte er dem Einsender für sein lebhaftes Interesse und versicherte ihm, daß sein Einwand völlig gerechtfertigt sei. Wolf Zucker, »So entstanden die Hörmodelle«, in: Die Zeit, Nr. 47 (24. November 1972), S. 7.

Brecht gegenüber hatte ich einmal eine sehr heftige Auseinandersetzung mit ihm in Berlin. Doch davon erzähle ich Ihnen besser einmal mündlich. Viele Ihrer Beurteilungen sind ganz in meinem Sinne, wenn auch, natürlich, nicht alle. So scheint mir, anders als Ihnen, »Berliner Kindheit« von einer Preziösität, die ich stilistisch nicht liebe und sachlich ungemäß finde. Nebenbei bemerkt, für eine seiner größten Einsichten halte ich die Theorie des Verhältnisses von Schönheit zu Wahrheit in »Wahlverwandtschaften.«

Schwer verständlich bleibt bis heute Benjamins Angst vor dem Diebstahl, dem er seine ureigensten Gedanken durch Literaten ausgesetzt sah, die selbst eine markante Statur besaßen. Sie dürfte eigentlich – bis auf Malraux – stets unbegründet gewesen sein, und besonders im Fall Sternberger grenzte sein Aufschrei an Rufmord. Das rechte Bild dieses Publizisten stellt sich aber erst wieder ein, wenn man seiner öffentlichen Reaktion auf Benjamins Vorwurf die folgende private hinzufügt, die an keinem Punkt den Versuch macht, der bewunderten Figur posthum überlegen zu sein.

ANONYM: GROSSER GOTISCHER TAFELAUFSATZ MIT PASTETENSTÜKKEN. KOLORIERTE LITHOGRAPHIE. FRANKREICH, UM 1860. SAMMLUNG HANS PUTTNIES, FRANKFURT A.M.

Selbstverständlich habe ich niemals ein Hehl daraus gemacht, daß Walter Benjamin, unerachtet dessen, daß er kein akademischer Lehrer gewesen ist, auf meinen Bildungsgang in der kurzen Zeit unserer Begegnungen zwischen 1930 und 1933 einen tiefen Eindruck ausgeübt hat. Ich bin ihm für die Perspektiven, die er mir nicht allein durch seine Arbeiten, sondern auch durch das Gespräch eröffnet hat, vielleicht noch mehr für die Zucht des genauen Stils, die sein Beispiel bezeugte und erzeugte, mindestens ebenso dankbar verbunden wie einigen meiner akademischen Lehrer, unter denen ich an erster Stelle Karl Jaspers, ferner Viktor von Weizsäcker, in anderem Sinne auch Paul Tillich nennen darf. Doch ist es etwas anderes, über einen Bildungsgang Rechenschaft abzulegen, und etwas anderes, ein sachgebundenes Buch zu publizieren. Wenn Sie das Buch in Händen haben werden, so werden Sie finden, daß zwar außerordentlich viele Zitate darin enthalten sind, aber ausschließlich solche, die als historische Quellen und belegende Illustrationen aus der Epoche von Wert sind, die ich behandelt habe: es ist die Epoche zwischen 1860 und 1900. Hingegen werden Sie keinen einzigen Namen und kein einziges Zitat darin finden, das in irgendeinem Sinne Vorgänger oder Anreger im Hinblick auf Theorie und Methodik beträfe. Und das wäre auch gar nicht möglich gewesen, einfach deswegen, weil ein solcher Vorgänger oder Anreger in einer irgend eindeutigen Weise nicht dingfest zu machen war. Jenes halbbewußte, produktive Gewirr und Geflecht von Einflüssen und Fingerzeigen, das schließlich jedweder geistigen Hervorbringung vorausliegt, könnte allenfalls im Nachhinein in einem autobiographischen Versuch ans Licht gehoben werden, hat aber von Haus aus mit der Arbeit selber und mit Ihrem Text nichts zu tun. Was insbesondere den Begriff der Allegorie betrifft, der übrigens

SELBSTVERSTÄNDLICH
Dolf Sternberger, Brief an Gershom
Scholem vom 14. Dezember 1949. Nachlaß
Scholem.

ANONYM: HALLE DER DEKORATI-
VEN KÜNSTE AUF DER WELTAUS-
STELLUNG. PARIS, 1889. SAMM-
LUNG HANS PUTTNIES, FRANKFURT
A.M.

keineswegs eine beherrschende Stellung unter den Leitbegriffen des Buches einnimmt – dies könnte viel eher von dem Begriff des »Genre« gelten oder auch von der Analyse des Darwin'schen Entwicklungsgedankens, die im Mittelpunkt des ganzen steht –, so werden Sie, sehr geehrter Herr Scholem, wie ich nicht zweifle, auch in dieser Spezialfrage bald zu dem Ergebnis kommen, daß ich dieses Wort in einem viel konventionelleren Sinne verwendet habe (es handelt sich um den Abschnitt »Allegorie der Dampfmaschine«), als es Benjamin in seinem Buche über das Trauerspiel getan hat. [...]

Trotz alledem bleibt es natürlich für mich ein überaus schmerzlicher Gedanke, daß Benjamin – wie Sie es angedeutet haben – in der unseligen Absperrung von seinen Freunden und von Deutschland meine unschuldige Veröffentlichung so bitter aufgenommen hat. Wenngleich ich für diese seine Reaktion im konkreten Sinne nicht haften kann, so wird, das darf ich Ihnen versichern, das Gefühl, daß auch nur der Schatten eines solchen Ärgernisses <u>möglich</u> gewesen ist, meine künftigen Bemühungen nur verstärken, Benjamins Werk und Gestalt von neuem gegenwärtig zu machen.

Jeder Freund, der damals ein Buch vorlegte, mußte darauf gefaßt sein, daß Benjamin umgehend Einbruchsanzeige erstattete. Natürlich war sich auch Bloch beim Erscheinen von »Erbschaft dieser Zeit« seiner Lage bewußt, und er schickte deshalb sein Verteidigungsschreiben der Buchsendung voraus. Eigenartig nur, daß Adorno schon damals als Testamentsvollstrecker des Unbeerbbaren auftrat. Sah er sich als Schüler, Interpret, Advokat Benjamins? Gleichviel, Bloch rächte sich an dem Abtrünnigen in dieser Gegenanzeige.

EINBRUCHSANZEIGE
»Vielleicht aber wird dich noch mehr interessieren, daß ein neuer Band der Arsène Lupin-Serie – des berühmten gentlemen-cambroleurs – in Gestalt einer neuen Schrift von Ernst Bloch erscheint. »Erbschaft dieser Zeit« – ich bin sehr gespannt, erstens überhaupt, zweitens auf das, was ich von dem Meinigen als Zeitkind hier erben werde.«
Benjamin, Brief an Gershom Scholem vom 17. Oktober 1934.
Benjamin/Scholem, Briefwechsel 1933–1940, S. 179.

Das Buch werden Sie unterdessen vom Verlag erhalten haben. Wiesengrund hat mir schon geschrieben und prophezeit – wegen des Absatzes ad »Einbahnstraße« – eine mit Feindschaft endende Entfremdung voraus. Was die Entfremdung angeht, so ist sie seit bekannten Vorkommnissen kein allzu neuer, freilich bei Ihnen wie bei mir ein labiler, sozusagen auch nicht wahrer Zustand. Was die Feindschaft angeht, so ist es Ihnen bekannt, daß ich die Anzeige der »Einbahnstraße« schon 1929 geschrieben, Ihnen vor Druck vorgelegt habe; eine Katastrophe ergab sich damals nicht. Habe ich die damalige Rezension – wegen des symptomatischen und anderen Charakters der »Einbahnstraße« in den Zusammenhängen des Buchs und seines Zeitgegenstands jetzt wieder aufgenommen, so habe ich sie nicht etwa (wie der Jünger Wiesengrund vermuten mag) verschärft, sondern konträr: das Licht der bedeutsamsten Seltsamkeit wurde vermehrt. Auch ist vorher wie nachher auf den surrealistisch wichtigsten Ort dieses Ihres Unternehmens oft und eindrücklich genug hingewiesen.

Wie fern mir Wiesengrund Ihrem Gefühlsleben in dieser Sache zu stehen scheint, dafür ist übrigens ein Satz in seinem Brief ein Zeuge besonderer Art. Er bezeichnet es als besondere, ja ganz unerhörte Kränkung Ihrer, daß ich die »Einbahnstraße« in einigem Zusammenhang mit Simmel genannt habe (Lockerung des systematischen Zusammenhangs betreffend). Nun mag Wiesengrund (sonst ein Freund der Impressionisten, bis zum letzten empiriokritizistischen Pinscher herab) von Simmel halten, was er will, ich erinnere mich bestens, daß Sie wie ich eine größere Unangemessenheit sich denken können, als mit diesem Mann auf einer Seite (und in wie losem Zusammenhang) genannt zu werden. Genug davon und nun ein anderes, das ich Ihnen bei Erhalt des Buchs sowieso schreiben wollte.

DAS BUCH
Ernst Bloch, Brief an Walter Benjamin aus
Wien vom 18. Dezember 1934. Ernst Bloch,
Briefe 1903–1975, hrsg. von Karola Bloch
u. a. Zweiter Band. Frankfurt a. M. 1985,
S. 658f.

Es steht in diesem Buch ad unsere Probleme (Symbol, Bilder, tiefe Freudigkeit des früh hereinbrechenden Dunkels) kein Wort. Es gehört das nicht zum »Zeitinhalt«, wie er hier traktiert wird; es ist das ein anderes Feld der Zeit und das Feld einer anderen Zeit.

In der Vorrede verweise ich deshalb deutlich genug auf ein zweites Buch, das, obwohl ebenfalls beendet, an dieses aus sachlichen wie auch verlegerischen Gründen nicht angeschlossen werden konnte. Dort (und mehr in Gesellschaft von Engels, von Leibniz, von Aristoteles, als in der kränkenden Simmels, kurz in der Gesellschaft von Sachproblemen) kann und wird erst die Begegnung mit Grundinhalten der »Wahlverwandtschaften« und des »Trauerspiels« statthaben. Im surrealistischen Raum der Zeit wäre das ersichtlich falsch am Ort oder zu schwer zum Bedarfe. Das möchte ich für den Augenblick anmerken. Wäre das zweite Buch schon erschienen (ich hoffe, es kommt im nächsten Herbst heraus), so wäre die Anmerkung nicht

ANONYM: GRETEL ADORNO. UM 1932. WERKBUND ARCHIV, BERLIN

vonnöten; ich hoffe auch, sie ist jetzt schon überflüssig. Was Sie sonst
zu dem Buch zu bemerken haben, steht dahin. Hat sich, praeter
opinionem, das neuere und erstaunliche Kopfschütteln ante rem
erhalten, so erreichte es mich als einen unverändert Bedauernden;
und ich bitte dann, im Zustand der letzten drei Jahre verharren zu
dürfen. Meine Betroffenheit und tiefgehende Kollegialität (Ihnen als
»beste Leserschaft« erscheinend) wird dadurch nicht tangiert werden;
wie auch? Sie verpflichtet Sie zu nichts, doch mich verpflichtet sie
auch nicht, das anzuhören, was mir – in der alten Form und im alten
Nicht-Bezug – als Ungerechtigkeit und unsachlichste Entfremdung
erschienen ist. Auf ganz anderem Blatt steht eine Diskussion in dem
Rahmen und der noblen Verbundenheit, die bis vor einigen Jahren
war. Doch dies dürfte wahrscheinlich nur als eine mündliche fruchtbar sein. Auch wäre sie ohne das zweite Buch, mindestens ohne die
utopischen Grundlagen, kaum möglich.

Der geistige Paarlauf von Adorno und Benjamin wird auch von Karl Thieme, einem Brief-
partner der Emigrationsjahre, wahrgenommen. Er bringt ihren Kurs auf die Formel der
»opferlosen« Erkenntnis, und versucht sie damit vor einer rein materialistischen Aneig-
Wenn man der Versuchung entgeht, die Technik »tierisch ernst« zu *nung zu schützen.*
nehmen, kann sie den Menschen opferlos zu sich selbst führen. Dieser *Durchaus weit-*
zweifellos zentrale Gedanke Ihres Bruders, den auch sein mir bisher *sichtig, wenn man*
nur durch Briefwechsel bekannter Schüler Wiesengrund-Adorno in *das Kriegsjahr*
einem bedeutenden Kierkegaard-Buch variierte, müßte nun selbstver- *bedenkt, in dem*
ständlich in jedem noch so knappen Wesensbild referiert und gewiß *er diesen Brief an*
auch durch die eine oder andre Arbeit exemplifiziert werden. Aber ich *Benjamins Schwe-*
würde es für verhängnisvoll halten, wenn man – wozu die Versuchung *ster schreibt.*

WENN MAN DER VERSUCHUNG
Karl Thieme, Brief an Dora Benjamin
(Schwester) vom 31. Mai. 1943. Nachlaß
Thieme, Institut für Zeitgeschichte,
München

für auf dem Boden des dialektischen Materialismus stehende Herausgeber wahrscheinlich stark wäre – das Oeuvre gewißermaßen um diesen Gedanken gruppierte und vorwiegend jene Produktion brächte, in der Ihr Bruder […] sich – etwa bei Ausführungen über das Wesen der Sprache – auf technizistische Analysen beschränkte.

SASHA STONE: ERNST SCHOEN.
UM 1928. PRIVATSAMMLUNG,
NEW YORK

Von Ernst Schoen erhielt Benjamin aus England eine Miniatur Adornos. In ihr stellte der Komponist den marxistischen Musikkritiker des Seconde Empire auf eine ganz ähnliche Weise in Frage, wie es Adorno mit dem dialektischen Lumpensammler Benjamin tat.

Neulich traf ich Wiesengrund und aß mit ihm und meinem Freund Clark vom hiesigen Rundfunk zu Abend. W. entwickelte bei dieser Gelegenheit, Dir darf ichs ja sagen, eine in ihrem Snobismus fast schizophrene Theorie der sozialen Bedeutung der Musik im 19. Jahrhundert, etwa so, daß es sich dabei um die »Flucht« vor dem

NEULICH TRAF ICH
Ernst Schoen, Brief an Walter Benjamin
vom 13. Oktober 1935. Akademie der
Künste, Berlin

»Warencharakter« der »Banalität« gehandelt habe, wobei ökonomische, ästhetische und psychologische Begriffe auf eine Art unter einen Hut gezwängt wurden, die mich niedrigen Einjährig-Freiwilligen des Marxismus mehr an Grock als an Rastelli gemahnten. Wenn er das in Oxford lernt, sollte er vielleicht doch lieber die Schule wechseln?

Benjamins Warenzeichen in allen größeren Auftragsarbeiten ist die Abschweifung vom Thema. Der Fuchs-Aufsatz, den er Horkheimer und der reich illustrierten Bücher zuliebe in Angriff nahm, gab dafür das Modell: er ist ein Frühstart in die »Geschichtsphilosophischen Thesen«, der bei jedem Kapitelanfang lustlos zu dem sozialdemokratischen Erotikasammler zurückfindet.

Die Zusicherung, Ihnen möglichst viele Bände des Fuchs'schen Werkes zur Verfügung zu stellen, möchte ich am liebsten wörtlich halten und Ihnen je ein Exemplar von allen Büchern schicken, die er veröffentlicht hat. Ihre Bemerkung, daß Sie wahrscheinlich nur noch etwa eineinhalb Monate in San Antonio bleiben, hat mich jedoch ein wenig irre gemacht. Fuchsens Haus in Berlin wird seit Wochen von Polizei durchsucht, ein großer Teil seiner Sammlungen ist auf das Polizeipräsidium abtransportiert worden, seine Schriften fallen zweifellos unter das Verbot und werden in zahlreichen Fällen vernichtet. Die noch vorhandenen kompletten Exemplare sind daher äußerst wertvoll.

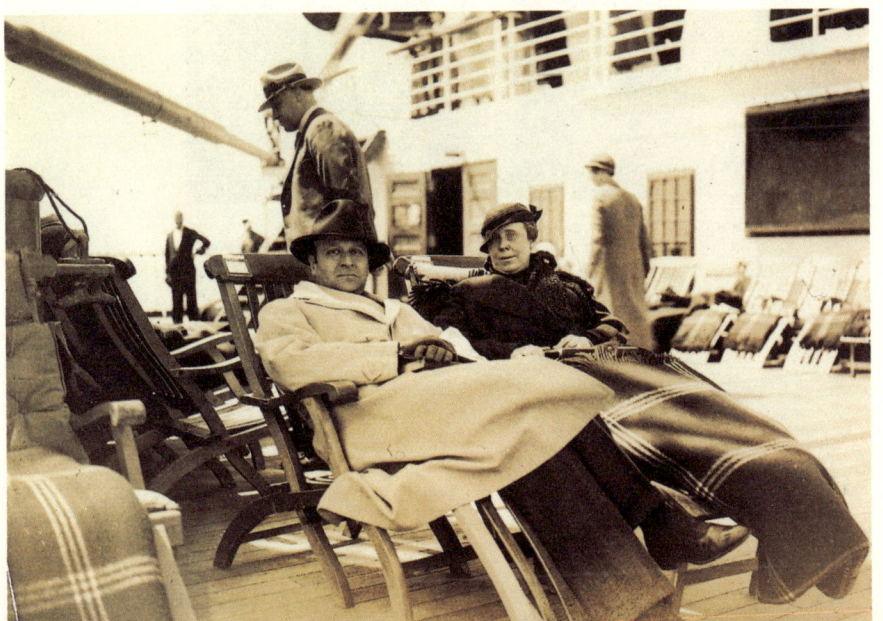

ANONYMER SCHIFFSFOTOGRAF: MAX UND ROSA HORKHEIMER AUF DER »S.S. GEORGE WASHINGTON« BEI DER ÜBERFAHRT NACH AMERIKA. 1.5.1934. MAX HORKHEIMER ARCHIV, STADT- UND UNIVERSITÄTSBIBLIOTHEK, FRANKFURT A.M.

ANONYM: MARGARETE UND
EDUARD FUCHS. OKTOBER 1926.
MAX HORKHEIMER ARCHIV, STADT-
UND UNIVERSITÄTSBIBLIOTHEK,
FRANKFURT A. M.

Wir selbst kennen nur zwei vollständige Reihen, welche für uns greifbar sind. Auch Fuchs selbst verfügt augenblicklich nicht ohne weiteres über seine Arbeiten. Ich bin bereit, Ihnen ein komplettes Exemplar zugehen zu lassen, wenn Sie einerseits nicht zu sehr durch die Aufbewahrung dieser wertvollen Stücke belastet werden und andererseits die Verantwortung dafür übernehmen können, daß sie auch in Zukunft für das Institut greifbar bleiben. Leider können wir Ihnen die Bücher nicht zum Geschenk machen, doch wären wir bereit, sie so lange in Ihrer Handbücherei zu belassen, bis das Institut ihrer wieder bedarf, was wahrscheinlich nicht so bald der Fall sein wird. Das Werk wird eine große Kiste füllen. Für den Fall, daß Sie Auskünfte von Fuchs selbst benötigen, gebe ich Ihnen hier seine Adresse. Er wohnt gegenwärtig mit seiner Frau: Hotel de Beaujolais, Rue de Beaujolais, Paris. Sie können sich denken, daß er äußerst niederge- schlagen ist, denn für ihn bedeutet die Tatsache, daß man seine Samm- lungen auflöst, die Vernichtung eines großen Teils seines Lebenswer- kes. Abgesehen davon ist er durch die gegen ihn getroffenen Maßnah- men ein wirtschaftlich zugrunde gerichteter Mann. Es ist das schwere Ende eines großen Lebens.

Die literarische Welt, die den Anspruch auf eine Idee bereits für das Impressum ihrer Realisierung hielt, lebte in der Emigration unzer- stört fort. Werner Krafts Prioritätsansprüche im Fall Jochmann wurden von Benjamin so ernst genommen, daß er sie mit einem mehrseitigen Schreiben zu entkräften versuchte. Beide spürten nicht die bürokratische Schwere ihrer Argumente, sondern hielten sie zweifellos für Ecksteine ihres literarischen Rufs. In dieser komi-

DIE ZUSICHERUNG
Max Horkheimer, Brief an Walter Benjamin
vom 19. Juli 1933. Max-Horkheimer-
Archiv, Stadt- und Universitätsbibliothek,
Frankfurt a. M.

schen Selbstbezogenheit lag vielleicht der Schlüssel zu Benjamins
Wirkungsgrenzen als führender Kritiker der deutschen Literatur: er
ging nie dienend ganz im Metier auf, und die fremden Bücher akzep-
tierte er oft nur als Stichwortgeber für seinen eigenen Einsatz. Nie-
mand, der je für Zeilenhonorare schrieb, wird ihm daraus einen Vor-
wurf machen. Aber die Klage über das ausgebliebene Hauptwerk
sollte da verstummen, wo der Autor selbst seinem Leben eine ganz
andere, unerfüllbare Richtung gab.

Ich war es, der Karl Gustav Jochmann entdeckte, denn ich war bis
1933 Bibliothekar der Landesbibliothek von Hannover, und ich fand
dort sein Hauptwerk über die Sprache. Ich bin es auch, der noch
immer ein Exemplar dieses Buches in Händen hält, das zu den selten-
sten der deutschen Literatur zählt. Bei einem Besuch in Paris habe ich
1936 mit Herrn Benjamin über Jochmann gesprochen, und ihm war
der Name damals völlig unbekannt. Als absoluten Vertrauensbeweis
in seine literarische Moral zeigte ich ihm auch die Bücher Jochmanns,
vor allem das über die Sprache, in dem sich der Essay über die Rück-
schritte der Poesie befindet, und es war er, der mir sein Wort gab, daß
er nichts über ihn schreiben wolle. Ich leugne nun nicht, daß es sehr
berechtigte Gründe für eine Publikation über Jochmann gibt, ich bin
nur sehr erstaunt, daß Herr Benjamin mir nicht vorschlug, sie selbst
zu versuchen. Daß und warum er das nicht wollte, ist seine Entscheidung, und mir steht es zu, darüber zu urteilen; aber es war seine
Pflicht, in einer Anmerkung zu sagen, wem er seine Entdeckung
verdankt.

Es geht hier nicht um eine Frage des Rechts, sondern der literarischen Moral. Ich wäre Ihnen deshalb sehr verbunden, wenn Sie diese
Ungerechtigkeit durch eine redaktionelle Notiz in der nächsten Num-

ICH WAR ES, DER
Werner Kraft, Undatierter Brief an Max
Horkheimer vom Februar 1940. Akademie
der Künste, Berlin. Übersetzung aus dem
Französischen.

ATELIER JOBST. DORA KELLNER, DIE
SPÄTERE EHEFRAU WALTER BENJA-
MINS. WIEN, 1909. SAMMLUNG
JANET BENJAMIN, LONDON

mer Ihrer Zeitschrift ausgleichen würden, indem Sie hervorheben,
daß ich es war, dem Herr Benjamin die Kenntnis Jochmanns verdankt,
und daß ich gerade über ihn eine Arbeit auf Basis der Quellen schreibe.
Lassen Sie mich hinzufügen, daß ich nicht als Privatperson spreche,
sondern als Schriftsteller, der sich durch diesen wirklich unglaubli-
chen Vertrauensbruch tief verletzt fühlt.

Dieser Bruch hat am Ende meines Parisaufenthalts tatsächlich stattge-
funden. Allerdings nicht wegen Jochmann. Ich hatte keinen konkreten
Grund – da war höchstens meine vielleicht zu hohe Empfindlichkeit
und der zu lange unterdrückte Unmut über die Freundesart von Herrn
Benjamin, über diese Mischung aus maßvoller Freundschaft, deutli-
cher Distanz, mangelnder Loyalität und schlichtem Bluff. Einige Tage
vor meiner Abreise lud er mich gemeinsam mit Professor Gottfried
Salomon, den ich nicht kannte, zu einem Abend ein. Ich nahm an.

DIESER BRUCH
Werner Kraft, Brief an Max Horkheimer
vom 30. April 1940. Akademie der Künste,
Berlin. Übersetzung aus dem Französischen.

Dann aber dachte ich nach. Ich war verblüfft darüber, daß dieses letzte Gespräch in Gegenwart einer dritten Person stattfinden sollte. Ich beschloß, mit ihm zu brechen. Ich schrieb ihm einen Brief, der nur diese Tatsache enthielt, ohne jeden Bezug auf etwas Konkretes. Dieser Brief war in einem Ton gehalten, der klar ausdrücken sollte, daß meine große Achtung vor seinem Denken und seiner Arbeit von meiner Entscheidung nicht berührt werden würde. Um den streng persönlichen Charakter dieser Entscheidung zu unterstreichen, legte ich meinem Brief die Kopie meines Nachrufs auf Karl Kraus bei, der einige Zeit zuvor in einer Zeitung erschienen war. Kein Wort über Jochmann!! [...] Ich besitze ein Dokument, das der Verteidigung meiner Ehre eine granitene Grundlage gibt. Ich biete Ihnen dieses kostbare Stück in einer Fotografie an und bin bereit, seine Echtheit gegebenenfalls durch einen Notar bestätigen zu lassen. Es ist auf dem gelben Papier geschrieben, auf dem Herr Benjamin seine Privatbriefe schreibt; ich spreche von der Antwort, die er den zurückgegebenen Büchern beilegte. Hier ist der Text dieses Papiers, undatiert, aber mit einem Terminus post quem, der im Nachruf auf Karl Kraus gegeben ist. Ich erlaube mir, einige Wörter hervorzuheben:

Lieber Herr Kraft,
so rätselhaft mir Ihr Wunsch erscheint, so will ich doch
auf diesem von Ihnen vorgezeichneten
Wege Ihnen das herzliche Lebewohl erwidern,
nicht ohne für die Zeilen zum Tode von
Kraus zu danken.

Ihr
Walter Benjamin

VIERTES KAPITEL

ATELIER JOBST. DORA KELLNER, DIE
SPÄTERE EHEFRAU WALTER BENJA-
MINS. WIEN, 1909. SAMMLUNG
JANET BENJAMIN, LONDON

EHETACHELES

Es gibt wohl gute Ehen, aber keine köstlichen. Benjamins Leben mit Dora sollte eine Probe auf diese Maxime La Rochefoucaulds werden. Wie fast immer, wenn zwei gleich starke und intelligente Menschen den ganzen Alltag teilen, mußte auch die Traumverbindung des literarischen Genies mit der Frau von Welt scheitern. Die Geschichte taucht aus den folgenden Briefen und Dokumenten allmählich auf, aber sie bleibt doch Benjamins ungeschriebenes Meisterwerk, seine »Education sentimentale«.

Dora war eine Alma Mahler en miniature. Sie wollte in unserem Freundeskreis immer den Mann haben, der ihr jeweils als kommender Führer oder geistig vielversprechend erschien, und sie hat es mit Verschiedenen (meist ohne Erfolg) versucht, bis sie bei W.B. landete und ihn zu ihrem Ehemann machte. Ich glaube nicht, daß diese Ehe je glücklich war. W.B. war Frauen gegenüber sehr reserviert, und hatte in unserem jugendlichen Kreise nie ein wärmeres Verhältnis zu irgendeiner. Unter den Briefen an mich, die ich nicht auffinden kann, war ein langer nach seiner Studentenreise nach Paris. Darin beschrieb er mit verhaltener Glut sein erstes erotisches Erlebnis mit einer Frau, die er in Paris auf der Straße kennen gelernt hatte. Es war abseitig und skurril wie vieles andere, was er tat oder fühlte.

DORA WAR EINE
Franz Sachs, Brief an Gershom Scholem vom 10. März 1963. Nachlaß Scholem.

»Ich fuhr dann, nach meiner Erinnerung, im Mai 1913 zusammen mit Walter Benjamin nach Paris, ich glaube auf seine Anregung. Wir wohnten auch im gleichen Hotel in Paris. Ich erinnere mich dunkel an den Namen »Hotel de Berne«. In Paris, wo wir einige Wochen blieben, gingen wir unsere eigenen Wege, sahen und sprachen uns aber täglich im Hotel. Wir hatten ein jeder die für Paris und unser jugendliches Lebensalter nicht verwunderlichen »Erlebnisse«. Walter Benjamin war davon fasziniert. Er befand sich eigentlich die ganze Zeit in Paris in dem Zustand einer Ekstase, während ich, natürlich auch von der Stadt und den Erlebnissen beeindruckt, viel nüchterner blieb.« Kurt Tuchler, Brief an Gershom Scholem vom 26. Februar 1963. Nachlaß Scholem.

ANONYM: LEON KELLNER. UM
1920. FRONTISPIZ ZU: ANNA KELL-
NER, LEON KELLNER, SEIN LEBEN
UND SEIN WERK. WIEN 1936.

*Die Schönheit und die starke
Präsenz, die alle Männer, die
über sie reden, an Dora wahrnah-
men, hätten allein das Interesse
Benjamins auf sie lenken können. Doch sie war nicht irgend-
eine attraktive Studentin, die
bei den Diskussionen der inter-
essanteren Kommilitonen ihren
Auftritt suchte. Ihr Vater, der
Anglistikprofessor Leon Kellner,
hatte sich einen Namen als Zionist im inneren Kreis Theodor
Herzls gemacht, und sie selbst
war schon früh einem eigenen
Weg gefolgt. Am Anfang stand
die Ehe mit Max Pollak, einem
Philosophie-Studenten, der über die Mittel verfügte, ihr auch eine
Villa am Starnberger See zu bieten. Jetzt in Berlin, als ihr Mann in
den führenden Studentenkreisen verschwand, entdeckte sie über
Blumenthal den Esprit Walter Benjamins.*

Benjamins Rede – Du kennst ihn. Es war wie eine Erlösung. Man
atmete kaum. Er wird Dir wohl selbst eine Abschrift senden. [...] Wir
sprachen von meinem Sprechsaalthema: Hilfe. Benjamin hatte es viel
gesagt – Franz erwehrte sich der Zumutung, im Sprechsaal, vor so
vielen, darüber zu reden, es verletze sein Schamgefühl und lähme
vielleicht die Möglichkeit fernerer Hilfe. Drob erhob sich brennender
Streit, in dem wir alle Dich herbeisehnten, besonders Benjamin, der

BENJAMINS REDE
Dora Pollak, Brief an Herbert Blumenthal
vom 14. März 1914. Nachlaß Scholem.

genau wußte, daß Du auf seiner Seite seiest. Er sagte, man müsse über
alles sprechen können. Lähme das Gespräch die Hilfsmöglichkeit, so
sei es eben nicht die richtige Hilfe gewesen. Sprechen und Handeln
seien koordinierte Begriffe – nicht das Sprechen dem Handeln subor-
diniert, wie ich zuerst ketzerischerweise sagte. Also dürfte das Sprechen die Hilfe nicht erschweren, sondern sei im Gegenteil schon selbst
Hilfe. Nun kamen Franz und ich, die schon vorher sehr ans Persönliche, an den Einzelfall gedacht hatten, gänzlich in den Bann des heißen
Wunsches, dies Gespräch als Mittel zum Zweck, zur Klarheit über
gewisse schwebende Beziehungen zu benutzen. Und zwar sagte Benjamin: Helfen sei nur möglich, wenn man sich liebe. Mir blieb das Herz
still stehen.

*Belmore erinnerte sich später an die Einblicke, die er als Mittler und
engster Freund Benjamins in Doras Charakter nahm. Ganz Cham-
fort, schnitt sein Urteil die Fettpolster der Höflichkeit weg, und wir
sehen das Profil seiner Rivalin scharf im Gegenlicht.*
Da Benjamin alle natürlichen Instinkte fehlten, die unser ganzes
Leben in den wichtigen Entscheidungen leiten, ist es nicht verwunder-
lich, daß er die falsche Frau heiratete. Dora war eine wiener Freundin
von mir, und sie kam mit ihrem Mann nach Berlin, den sie als den
gescheitesten und reichsten Mann ihres Kreises geheiratet hatte.
Damals war sie eine ehrgeizige Gans, die in den allerneuesten geistigen
Strömungen schwimmen wollte. Ihr Mann enttäuschte sie bald, denn
er war ein Neuropath und unfähig, einen Beruf zu ergreifen. Stattdes-
sen verschlang er Bücher, redete endlos und entwickelte sich zu einer
ermüdenden Enzyklopädie für Kunst und Wissenschaft.

DA BENJAMIN ALLE
H. W. Belmore, »Some Recollections of
Walter Benjamin«, German Life and
Letters, 28, 2 (Januar 1975), S. 122 f.

»Die beiden paßten nicht zusammen. Dora war gescheit, ehrgeizig,
geltungsbedürftig, aktiv,
praktisch, und dabei durch und
durch unecht, wie ihre Mutter. Sie
erwähnen ihren »größeren
praktischen Verstand« – ein
understatement, denn sie ist die
geriebenste Geschäftsfrau, der ich
begegnet bin. Gewiß war sie in
ihrer Jugend eine schöne und
gepflegte Frau; daß sie sich in
späteren Jahren so hat gehen
lassen, bis zur Verschlampung,
zeigt, daß es ihr an innerer Kultur
fehlt.« H. W. Belmore, Brief an
Gershom Scholem vom 16.
Oktober 1961. Nachlaß Scholem.

Als sie Benjamin in Diskussionen gehört hatte, erkannte Dora in ihm den kommenden Mann, einen, der klüger als ihr Gatte war, und sie beschloß, ihn auf der Stelle zu heiraten. Es gab nur einige kleine Hindernisse: sie war verheiratet, und er war mit einem intelligenten, sympathischen Mädchen verlobt. Durch bohrende Fragen brachte Dora aus Benjamin all seine Theorien, Vorlieben und Eigenarten heraus, und sie überzeugte ihn schnell davon, daß ihre grenzenlose Liebe zu ihm – gemäß seiner Theorie – nicht unerwidert bleiben durfte. Ihr Trumpf-As war der etwas kryptische Satz: »Man hört keine Klage, denn es gibt keinen Firlefanz«.

Er war bei einem Spiel entstanden, in dem die Teilnehmer logische Sätze aus verrückten Wörtern bilden mußten. Nun hatte Walters kleine Schwester einige Jahre zuvor, als sie sechs oder sieben war, die beiden Hauptwörter dieses Satzes schon einmal verbunden. Für

CHARLOTTE JOEL: WALTER BENJAMIN. BERLIN, 1929. THEODOR W. ADORNO ARCHIV, FRANKFURT A.M.

Benjamin lag darin mehr als eine charmante Erfindung; das war ein tiefes Bekenntnis, fast eine Lebensphilosophie. Wann immer Dora eine Erkältung oder starke Kopfschmerzen bekam, mußte sie nur ein zartes Lächeln aufsetzen und diesen Satz aussprechen, um sein Herz vollständig zu erobern.

Es gibt einen Brief aus der Zeit, den Dora an Blumenthal schrieb. Er führt in die Intimität der damaligen Freunde ein und bezeugt eine Krise, die nicht in das Bild der Kopfjägerin paßt. Mehr noch: Dora schreibt gut. Ihr Ton klingt vielleicht etwas modisch, aber er ist durch und durch echt.

Das Schreiben fällt mir schwer, so schreibe ich Euch beiden zusammen, ohnedies gilt, was ich einem sagen könnte, auch für den andern. Daß Du, Herbert, zu Carla reisen mußtest, um einfachste Wahrheiten zu finden ist so traurig wie alles Menschliche, nicht mehr und nicht minder. Unsere – Walters und meine – Schuld war es, daß Du je glauben konntest, es gäbe Gründe, mit einem Menschen nicht zusammen zu sein. Es gibt nur einen einzigen: daß es einem unmöglich ist. Dahin zu gelangen, daß wir empfinden, bei welchem dies der Fall ist, ist keine andere Aufgabe, als zu sich zu kommen, der Weg, den wir alle gehen. Guttmann sagte zu mir: »Solange es Ihnen noch Schmerzen bereitet, sich von jemandem zu trennen, solange tun Sie es nicht; es muß Ihnen als das Selbstverständliche erscheinen, als ginge es nicht anders.« Gern will ich Euch gestehen, daß ich vor 6 Wochen aus Notwehr – um mein Leben zu retten, welches stündlich bedroht war mich ebenso heftig von einem Menschen trennte, und Schmerzen zufügte und empfand, die bei etwas Geduld zu vermeiden gewesen – es war Walter. Es ist, als risse man einer kranken Stelle des Körpers zu

DAS SCHREIBEN
Dora Pollak, Brief an Herbert Blumenthal und Carla Seligson vom 29. Juni 1915. Nachlaß Scholem.

SIMON GUTTMANN
»Ich war nach London gekommen, um ihn zu interviewen, fand aber einen alten Herrn mit durchdringendem Blick vor, der nicht bereit war, mir auch nur die geringste Auskunft zu geben. Im Gegenteil, er ließ mich ein Schriftstück unterschreiben, in dem vertraglich festgelegt wurde, daß sein Name in meinem Buch nicht erwähnt werden dürfe. Mir wurde jedoch zugestanden, ihn als den »Sekretär« der »Dephot«-Agentur zu bezeichnen. [. . .] Es war auch der »Sekretär«, der Robert Capa seine erste Chance gab, wie so vielen Photographen, die später berühmt wurden.« Gisèle Freund, Photographie und Gesellschaft. München 1976, S. 240.

früh den Verband ab, es heilt umso langsamer, manchmal verblutet man daran; nur Geduld; alles wird gut, wenn man den Willen hat, gesund zu sein. Und ich glaube, den haben wir außer Walter alle. Dein Brief an Walter, liebe Carla, war ohnmächtig und durfte darum nicht geschrieben werden. Liebst Du ihn, so mußt Du wissen, daß seine Worte groß und göttlich sind, seine Gedanken und Werke bedeutend, seine Gefühle klein und krampfhaft und seine Taten so, wie es all diesem entspricht. Wenn er erst einmal liebt, wird sich wohl vieles ändern. Fordern können wir von ihm so wenig, wie von irgend jemand. Hier wie überall können wir nur schweigend uns abwenden, wenn wir es nicht mehr ertragen.

Ein Streiflicht auf Doras praktische und liebende Seite wirft auch die Erinnerung, die Scholem an Benjamins Musterung hat.
Dora, mit der ich mich traf, vertraute mir als tiefstes Geheimnis an, sie rufe durch Hypnose, für die er sehr empfänglich war, ischiasähnliche Symptome bei ihm hervor, die dem Arzt ermöglichten, ihm ein Attest für die Militärbehörde auszustellen. Es kam dann eine ärztliche Kommission zur Untersuchung in die Delbrückstraße und er wurde in der Tat für mehrere Monate freigestellt. Die Ischias-Fiktion wurde weiter aufrechterhalten. Er blieb den ganzen Januar über für jedermann außer Dora incommunicado.

Erst in der Trennung von Dora gewinnt auch Max Pollak in den Briefen Kontur. Sie zeigen einen zurückhaltenden, ironischen Verlierer, der mehr den Zerfall des Freundeskreises, als den Verlust einer Frau zu beklagen scheint. Aus der Ferne meldete er sich bei Fritz Radt, um wenigstens ein Gefühl für die Vorgänge zu behalten.

DORA, MIT DER ICH
Scholem, Walter Benjamin. Die Geschichte einer Freundschaft, S. 50.

»Ich war in diesen Tagen oft bei ihm und kenne die ganze Geschichte aus nächster Nähe. Nach der Heirat ging er dann nach Dachau ins Sanatorium und erlangte, wie gesagt, ein amtsärztliches Zeugnis über seine Krankheit, aufgrund dessen er die Ausreise in die Schweiz zwecks längerer Kur bewilligt bekam.« Gershom Scholem, Brief an Soma Morgenstern vom 5. April 1973. Nachlaß Scholem.

ANONYM: DORA BENJAMIN. UM
1917. JEWISH NATIONAL LIBRARY,
JERUSALEM

Es ist nicht winterliche Einsamkeit, die mich diesen Brief an Sie richten läßt. Aber mehrere Bedürfnisse primitiver Art sind da, die Sie sehr leicht befriedigen können. [...] Es ist mir nicht möglich, zu erfahren, wie Walters Musterung, die doch Ende November fällig war, ausgefallen ist. Da ich keine Antwort von Frau Dora Pollak bekomme, kann ich auch nicht recht unmittelbar an ihn schreiben. [...] Wissen Sie Walter's und Dora's Adresse?

ES IST NICHT WINTERLICHE
Max Pollak, Brief an Fritz Radt aus
Wildpark vom 7. April 1916. Nachlaß
Scholem.

Anderthalb Jahre später, Dora ist schon Frau Benjamin, übernimmt Pollak noch für das Ehepaar die Sekundantenrolle in einer letzten Auseinandersetzung mit Grete Radt.

Die leidigen Bücher und Briefe, die Walter an Grete durch mich übergeben wollte, liegen bei Frau Adeline Bergmann, Gr. Frankfurter Str. 68, in einem Pack für Sie verschnürt. Dabei ist der Rest unseres Seifenvorrats, ein Abschiedsbouquet von uns an Sie. Wollen Sie nicht die Seifen holen und die Bücher, die im selben Umschlag sind, unbesehen mitnehmen. Damit Schluß ist?

Die Fronten verschoben sich noch einmal ein halbes Jahr später, und Fritz Radt ist es nun, der von Pollak eine melancholische Zeitung erhält.

Dora hatte am 11.IV. einen Sohn. Zwischen uns droht ein Prozeß von ihrer Seite, da sie sich weigert, mir zu ersetzen, was ich an Lagerhausmiete für ihre Möbel seit ihrer Verheiratung bis zum heutigen Tag zahlte. Worauf ich Auslieferung der Möbel verweigert habe. Nett?

ANONYM: ERNST SCHOEN. BÜSTE VON JULA COHN. WERKBUND-ARCHIV, BERLIN

Es ist nie ein fremder Reiz, der eine Ehe erschüttert, sondern der wiedergekehrte vertraute. Zwei Freunde, Ernst Schoen und Jula Cohn, kehrten nach den ersten Schutzjahren vor Benjamins Ehe in den Berliner Gesichtskreis zurück, und die Alltagsspannung, die sich zwischen Walter und Dora aufgebaut hatte, konnte sich nun in zwei Liebesaffären entladen: Dora ging mit Ernst nach London, und Jula schwankte

DIE LEIDIGEN BÜCHER
Max Pollak, Brief an Fritz Radt aus Poschiavo vom 27. September 1917. Nachlaß Scholem.

DORA HATTE
Max Pollak, Brief an Fritz Radt aus Luzern vom 18. Mai 1918. Nachlaß Scholem.

ANONYM: JULA COHN. UM 1916.
JEWISH NATIONAL LIBRARY, JERUSALEM

in Berlin, ob sie Walters Scheidungsplänen folgen sollte. Doch wenn man Doras Zwischenbericht an Scholem liest, spürt man das Gewicht, das sie ernüchtert auf ihre Ehe legt, und man meint, das Band greifen zu können, das beide noch lange vereint.

Von Walter wirst Du wissen, daß ich hier bin. Was er nicht weiß, weil ich es ihm noch nicht geschrieben habe, ist, daß ich, wenn ich zurückkehre, wieder versuchen will, mit ihm zu leben wie früher. Ich will nicht so lange warten, bis ich wieder in Berlin bin, um es Dir zu sagen. Der Grund ist der, daß ich fühle, daß es so nicht weiter gehen kann. Wenn ich bei E. bleiben wollte, müßte ich ganz zu ihm gehen, und dazu war ich zwar zu Neujahr entschlossen, aber inzwischen habe ich mich auf mich selbst besonnen. Ich habe diese 9 Monate in einem ununterbrochenen Kampf gelebt um fromm sein und gut sein. Ich will nicht sagen, daß ich es bin, aber ich weiß doch wenigstens, daß mich gewisse Dinge auf immer verhindern werden, es zu sein und dazu gehört das Verhältnis zu E., welches nie eine Ehe sein wird. Wenn ich

»Dora war eine schöne, sinnliche, überempfindliche Frau, eine intelligente Journalistin, der die Bedeutung des Werkes ihres Mannes bewußt war, die sich aber von seinem zwanghaften Verhalten unterdrückt fühlte. Sie war wie ein Komet, tauchte kurz auf und verschwand noch schneller.« Charlotte Wolff, Innenwelt und Außenwelt. München 1971, S. 205.

VON WALTER
Dora Benjamin, Brief an Gerhard Scholem aus London vom 21. Januar 1922. Nachlaß Scholem.

aber keine Ehe führen kann, so kann ich auch nur in Freundschaft mit ihm leben, und das will ich jetzt tun. Warum es keine Ehe ist oder sein kann, würde zu weit führen. Ehe ist eine Forderung, aber Ehe mit einer bestimmten Frau nicht, das versuche ich ihm klar zu machen seit Monaten!

EXLIBRIS VON ASJA LACIS UND BERNHARD REICH. LINOLSCHNITT. SAMMLUNG ERDMUT WIZISLA, BERLIN

Die einzige wirkliche Erschütterung, der diese Ehe ausgesetzt werden konnte, ging von einer Frau aus, die einen triftigen Grund hatte, Walter Benjamin zu heiraten. Asja Lacis, der utopische Schwarm seiner Flucht nach Capri, hatte es geschafft, dem Moskau der Neuen Ökonomischen Politik zu entfliehen, und sie war im November 1928 auf einen unbedeutenden Posten in die russische Handelsmission nach Berlin gelangt. Benjamin mußte in der Zeit, in der er nun mit ihr zusammenlebte, einen Aufbruch in das ganz Andere, in die Liebesehe im richtigen Lager des Zeitgeistes sehen, und er reichte nun ernsthaft die Scheidung ein. Aus diesem Milieu flieht Dora nach England und beginnt, in ihrer Korrespondenz mit Scholem sich tatsächlich von Walter zu entfernen.

Mit Walter steht es sehr schlimm, lieber Gerhard, ich kann Dir nicht mehr sagen, denn es drückt mir das Herz ab. Er ist völlig unter Asjas Einfluss und begeht Dinge, die die Feder sich sträubt zu schreiben und

MIT WALTER STEHT ES
Dora Benjamin, Brief an Gerhard Scholem
aus Surrey, England vom 27. Juni 1929.
Nachlaß Scholem.

die verhindern, daß ich in diesem Leben je wieder ein Wort mit ihm rede. Er besteht nur noch aus Kopf und Geschlecht, alles andere ist völlig ausgeschaltet, und Du weißt, oder kannst Dir denken, daß es in solchen Fällen nicht lange dauert, bis der Kopf unterliegt. Das war immer seine große Gefahr, und wer weiß, wie es wird. Ernst Schoen sieht es sehr schwarz an.

Walter hat – da die ersten Scheidungsverhandlungen daran scheiterten, daß er weder von seinem Erbe (120.000 Mark, Mama ist schwer krank) mir das ihm geborgte Geld zurückgeben will, noch etwas für Stefan bezahlen – mich wegen meiner Schuld verklagt; ein Termin ist gewesen, ein zweiter steht bevor. Ich kann Dir, wie gesagt,

CHARLOTTE JOEL: ASJA LACIS. BERLIN, 1929. THEODOR W. ADORNO ARCHIV, FRANKFURT A.M.

nicht schreiben, was ich durchgemacht habe und noch durchmache. Die Aufenthaltsbewilligung der Asja läuft ab, und er wollte sie schnell heiraten, um ihr die preußische Staatsangehörigkeit zu verschaffen; obwohl er aber nichts von seinem Geld sicherstellen will, weder für Stefan noch für mich, verlangt er – und ich versprach es auch – die Hälfte meines zukünftigen Erbteils von meiner Tante her. Ich gab ihm alle Bücher, tags darauf verlangte er auch die Kinderbuchsammlung; im Winter hat er monatelang bei mir ohne zu bezahlen gewohnt, mich Hunderte gekostet und gleichzeitig Hunderte für Asja ausgegeben; als ich sagte, ich hätte kein Geld mehr, hat er die Scheidung vorgeschlagen. Noch heute schuldet er mir für zwei Monate Kost, Telefon etc. über 200 Mark, obwohl er von Speyer für Mitarbeit an Stück und Roman mehrere tausend Mark bekommen hat (dafür habe ich schriftliche Belege).

ANONYM: »DER NARR SEINER LIEBE«. STANDFOTO AUS DEM GLEICHNAMIGEN FILM. 1929. SAMMLUNG HANS PUTTNIES, FRANKFURT A.M.

Nachdem wir uns acht Jahre lang sämtliche Freiheit gegeben haben, er mir seine sämtlichen schmutzigen Sachen erzählt hat, mir selbst tausendmal zugeredet hat, mir einen »Freund zu nehmen«, ich seit sechs Jahren nicht mehr mit ihm lebe, verklagt er mich; jetzt sind ihm plötzlich die verachteten deutschen Gesetze gut genug. Hinter ihm steht natürlich die völlig skrupellose Asja, die ihn, wie er selbst mir mehrfach gesagt hat, nicht liebt und ihn einfach ausbeutet, was zwar klingt wie ein übler Roman, aber wahr ist. Ich kann Dir das leider nicht beweisen, obgleich Beweise in meiner Hand sind, aber es ist so.

Er wird also wohl noch nicht kommen, wer weiß, ob sie ihn überhaupt fahren läßt. Ich habe einen Heiratskontrakt, den bat er mich zu zerreißen, dann wolle er die Schuld auf sich nehmen. Ich versprach, ihn zu widerrufen, aber er will nichts tun; nichts für Stefan, nicht seine Schulden an mich bezahlen, mir nicht einmal die Wohnung lassen, die ich mit eignen Händen gestrichen habe und für die ich seit Jahren Miete und Kohlen bezahle. Er ist – nicht verwandelt, sondern gewisse Seiten seines Wesens sind einfach ins Maßlose gesteigert. Ich habe in allem nachgegeben, bis ich merkte, daß er zu den Menschen gehört, die nicht bei dem einmal Abgemachten bleiben, sondern immer Neues verlangen. Stefans und mein zukünftiges Leben ist ihm so egal wie das eines Wildfremden.

Dabei leidet er entsetzlich. Augenzeugen haben mir erzählt – seine Freunde notabene – daß sie leben wie Katz und Hund. Sie hat eine Wohnung, die er bezahlt und früher bewohnte, bis sie ihn zwang, auszuziehen; da kam er zu mir zurück. Er verlangte von mir, ich sollte sie bei mir wohnen lassen, was ich natürlich abschlug; sie hat sich gegen mich furchtbar benommen – vor Jahren schon. Und das ist nun die Revanche.

Ein direkterer Lagebericht über das triste Dasein der Daheimgebliebenen findet sich in Franz Hessels Tagebuchnotizen. Ihr Telegrammstil war wohl die einzige Form, die der hohen Informationsdichte seines Klatsches gerecht werden konnte, kurz bevor der Morgen anbrach.

21.6.29 Richtiger Rout bei Doris. [...] Ich sitze feig bei Mammi. Rut fegt herein vor leidenden Vollmöller, Speyer und seine Maria nur kurze Zeit. Im Wohnzimmer Grammophon. Das dunkle Mädchen, das Valentine heißt, Vava genannt wird und aus dem Kaukasus stammt. Gustel. Titina rot und resch. Ola umbuhlt und fern. Benjamin tanzt stelzbeinig mit der professionellen Dorothee, deren Grazie mir unangenehm. Niedlicher junghulleähnlicher Knabe. Merkwürdige Mischungen von Gesellschaft, unserer Monde und Zwischenstufen. [...]

1.7.29 Bei Benjamin erst allein. Dann hinzu Reich, Asja, Kracauer. Der langhalsige Reich futtert gleich mit Obstination los von Brötchen und was es gibt. Kracauer fragt mich nach dem großen Schwabing aus, ein bißchen zu nahe kommend auf Grund der Hermesnovelle, die ihn doch distanzieren sollte. Sein merkwürdiges Mongolengesicht besonders eindringlich, als er einmal Frau Asjas kriegerische Kappe aufsetzt. Sie lagert abseits. Und Benjamin, auf dem Sofa, lauert stumm und etwas reptilig gekrümmt. Kracauer bemerkt und betont die bedrückende Atmosphäre. Seltsam dann, wie verschieden Asja mit den dreien tanzt. Am menschlichsten schließlich noch mit mir. [...]

4.7.29 [...] Bei Thankmar Benjamin so schopfig und wundergrau vor strahlender Renée. Sie hat rot und blaues Kettchen. Philipp rotes Halsband. Auf Sofa junger Deutscher und dann hinzu Tante Andrä Germain und sein (ihr) öliger Mitgänger und zu Thankmar an Tischchen, Speyer spät. Germain stürzt sich mit Klatsch über die Urbilder seiner Bücher auf Speyer. So sind wir drei rechts untereinander. Mit

RICHTIGER ROUT
Franz Hessel, Tagebuchnotizen (1928 – 1932), hrsg. und mit Anmerkungen versehen von Karin Grund. Juni. Magazin für Kultur & Politik, 3. Jg. Nr. 1/89, S. 37– 42.

ERICH SALOMON: VOM FEST-
BANKETT DER BERLINER SEZES-
SION. VON LINKS: RENEE SINTE-
NIS, JULIUS MEIER-GRAEFE. AUS:
DIE DAME, 57. JG., H. 6 (ZWEITES
WEIHNACHTSHEFT 1929) S. 56

Renée bringt Germain es nur zu Höflichkeit, Erkundigungen und
Adressen. Er klatscht später, als andre weg, über Rostand und Cocteau. Beim Abschied von Benjamin fragt er den, was er jetzt arbeitet.
Benjamin langsam: etwas Historisches. Zeit? 1840. So schützt er die
Passagen vor Klatsch.
5.7.29 [...] Abends bei Benjamin Kunstdisput zwischen gewaltig
raumverdrängendem, herumdisponierendem Klemperer und schmal
spitzem Moholy. Dazu draußen Wetterleuchten mit etwas zu wenig
Regen. [...]
8.7.29 In dem weißen, neuen Raum der kleinen Benedikt-Turel bei
den Beleuchtungskörpern mit fließendem Licht, jungpariser Bildern,
roter Schreibtisch. Das siamesische Kätzchen lauert auf Motten,
klagt, daß sie fern und hoch sind. Benjamin jagt sie ihm brav nach
unten. Es fängt sie nach vorher ausgestoßnem, kurzem Kriegsgeschrei.
Behandelt sie wie Mäuse mit Loslassen und wiederfangen. Es ist weiß
mit Schwarzem im Gesicht, an Schwanz und Pfoten. Während Graupe

und Benjamin Kunsthandeltachles reden, sprechen die beiden Frauen sanft über mich hin und durch mich durch, Lilly und Käthe, von dem neuen Toilettentäschchen, das die Lilly sich will bauen lassen, vom Fasten und Schwimmen und verständigen Frauendingen, was ich sehr genieße.

Als Scholem philosophisch wurde und versuchte, bei Dora Verständnis für Walters Lage zu wecken, brach er damit erst eigentlich den Damm ihrer Ehebilanz. Die Antwort überrascht dennoch durch den Versuch, zwischen Mietrechnungen und schmutziger Wäsche ein fast objektives Bild von Walters Ausweglosigkeit zu geben.

Du schreibst erstens, Gerhard, daß Walter seit 1921 nicht mehr wußte, wohin er gehörte. Ganz richtig ist das wohl nicht. Solange Du in Berlin resp. Deutschland warst, konnten die anderen Dinge doch nicht so großen Einfluß auf ihn gewinnen. Aber im April 1924 schon, in Capri, fing die Sache mit Asja an. Seither hat er immer paktiert: mit dem Bolschewismus, den er nicht negieren wollte um seine letzte Ausrede nicht zu verlieren (denn im Augenblick der Ablehnung hätte er ja zugeben müssen, daß nicht die erhabenen Prinzipien dieser Dame ihn an sie ketten, sondern nur sexuelle Dinge), mit dem Zionismus, teils Deinetwegen und teils (sei nicht böse, aber das sind seine eigenen Worte), »weil dort seine Heimat ist, wo man ihm die Möglichkeit gibt, Geld auszugeben«, mit der Philosophie, (denn wie vertragen sich seine Gedanken von der Theokratie und dem Gottesstaat, wie seine Ideen über Gewalt mit diesem Salonbolschewismus), mit dem Literatentum (nicht Literatur), denn Hessel gegenüber und den kleinen Mädchen gegenüber, die ihm Hessel in den Pausen der Beziehung zu

DU SCHREIBST ERSTENS
Dora Benjamin, Brief an Gerhard Scholem
aus Goodrington, England vom 24. Juli
1929. Nachlaß Scholem.

Asja zuführt, schämt er sich selbstverständlich dieser zionistischen Anwandlungen (Du brauchst bloß einmal diese Doris von Schönthan, diese Nicoletta von Studtner, diese Ola von irgendwas, zu sehen und reden zu hören!).

Dieses Paktieren hat ihn geistig-moralisch völlig untergraben. Daß sein Denken weiter scharf, pointiert, tief ist, leugne ich nicht. Ich glaube auch, daß die Arbeit, die er jetzt macht, über die Pariser Passagen, von der er mir freilich kein Wort mitgeteilt hat, in ihrer Art großartig ist – und Du darfst nicht sagen, Gerhard, daß Dir seine geistige Entwicklung wichtiger ist als mir. Dazu habe ich zu lange meine ganze Existenz auf ihn gestellt, um heute nur noch die erbitterte, verlassene Gattin zu spielen. Aber wo bleibt sein Wesen, das mir solange führend war, wenn er nur noch Kopf und Geist ist? Ich kann es ansehen von welchem Standpunkt ich will, es ist und bleibt ein entsetzliches Unglück.

Von meinem Standpunkt aus, ganz egoistisch gesprochen, weil ich einfach mittellos zurückbleibe; mit dem Jungen, den er mir im besten

GERT WISSING: MARIA SPEYER UND WALTER BENJAMIN IN DEN STRASSEN VON ST-PAUL-DE-VENCE, MAI 1931. WERKBUND ARCHIV, BERLIN

OLA VON IRGENDWAS
»Das war die sehr anziehende und lebhafte Deutschrussin Olga Parem, von ihren Freunden Ola genannt, die er 1928 durch Hessel kennengelernt hatte und mit der er vier Jahre lang sehr befreundet war. (Sie spielte auch in dem Scheidungsprozeß eine Rolle und hat mir sehr beweglich von ihrer Vernehmung durch den Richter erzählt, bei der sie ihre Aussage für Walter günstig einzurichten suchte, um ihm die Sammlung der Kinderbüchern zu retten, an der er so hing und deren Herausgabe von Dora, übrigens erfolgreich, verlangt wurde.)« Scholem, Walter Benjamin. Die Geschichte einer Freundschaft, S. 235.

Fall läßt ohne für ihn einen Pfennig zu zahlen (daran scheiterten die Verhandlungen); mit dem Odium einer doppelten Scheidung, noch dazu mit meiner Schuld; ohne Wohnung; ohne einen Pfennig Geld (denn mein gesamtes Vermögen habe ich für ihn ausgegeben, nicht für mich, denn ich habe seit 1918 verdient), da er sich weigert, mir von seinem demnächst fälligen Erbteil (120.000 bis 140.000 M) auch nur einen Pfennig zu geben; ohne Posten, denn er veranlaßte mich im Herbst 1926, den kleinen aber sicheren Verdienst bei Ullstein gegen die höchst zweifelhafte und mir schon damals suspekte Sache beim Bazar zu vertauschen.

SASHA STONE: TITELSEITE DER »PRAKTISCHEN BERLINERIN«, EINER ZEITSCHRIFT, DIE VON DORA BENJAMIN REDIGIERT WURDE. ERSTES MÄRZHEFT, 1927.

Als ich heiratete, wollten meine Eltern es nicht zugeben, bevor seine
Eltern einen Kontrakt unterschrieben, der mich für den Fall einer
Scheidung aus seinem Verschulden oder seines Ablebens sicher stellte;
darin wurde meine Mitgift und die Widerlage erwähnt (das ist ein
ebenso hoher Betrag, der an die Frau ausgezahlt wird, um sie sicher zu
stellen), ferner 300 M Monatsrente. Aber nur im Fall seiner Schuld,
und es ist mehr als fraglich, ob selbst ein Prozeß im beiderseitigen
Schuldfalle irgendein positives Resultat haben würde. Diese beiderseitige
Schuld strebt er aber an. Praktisch ist es nämlich für ihn egal, ob
die Ehe wegen meines Verschuldens oder unsres beiderseitigen
geschieden wird. Denn der Junge wird (als Junge über 6 Jahren) ihm
zugesprochen, was er immer als Drohmittel gegen mich ausnützen
kann; der Vorgang ist dann der, daß er mir ihn solange läßt, wenn er
Lust hat. (Sage nicht, er tut es nicht, denn er hat es ähnlich schon
getan.) Und der Kontrakt gilt, wie ich eben erklärte, nur für den Fall
der Unschuld der Frau – wahrscheinlich, heißt das, die legalen Auskünfte gehen auseinander, aber in jedem Fall muß ich erst darum
prozessieren, und woher den Kostenvorschuß nehmen, der bei einem
so großen Objekt bedeutend ist?

Von seinem Standpunkt aus: weil die Frau ihn völlig beherrscht,
ihm seine Reisen etc. vorschreibt, jetzt ihre Tochter nach Berlin hat
kommen lassen und ihm mit diesem Kind völlig auf der Tasche liegt,
gänzlich skrupellos ist und weiß, daß er ihr hörig ist, (dies sind Ernst
Schoens eigne Worte). Im Oktober (am 17.) ist der nächste Termin, zu
dem wir persönlich erscheinen müssen (unter Strafandrohung), wie
soll er also im September in Palästina sein? Er lernt zweimal in der
Woche bei Deinem Meyer Hebräisch – es ist der Schwager meiner
Freundin Zweig, Benja (sein Sohn) ist mit Stefan sehr befreundet, ich

»Dies ist eine notariell beglaubigte Abschrift aus dem Grundbuch: sie betrifft die Eintragung meines
Grundstücks in Wannsee, mit der Villa von sechzehn Zimmern, Ställen und Garage; gestern ist es mir
gelungen, eine Achtzimmerwohnung mit allem Komfort und vollständiger Einrichtung auf dem
Kurfürstendamm zu erwerben; ich lasse sofort mit den Renovierungsarbeiten beginnen. Außerdem
besitze ich noch zwei Autos. Es steht Ihnen selbstverständlich frei, auch diese Angaben nachzuprüfen,
bevor Sie sich entscheiden.«
Jadwiga war flammend rot geworden (. . .). Aber Heniel zuckte nicht mit der Wimper. »Ich weiß«,
sagte er, »die richtige Form ist das wohl nicht, – gewiß habe ich falsch angefangen. Aber kann man
heute eine Frau mehr ehren, als wenn man sie wie einen Geschäftsfreund behandelt?«
Dora Sophie Kellner: »Gas gegen Gas«. Roman Achte Fortsetzung. Südwestdeutsche Rundfunk-
Zeitung, 6. Jg., Nr. 50 (14.12.1930) S. 19

weiß genau, wann Meyer aus Meran zurückkam, wann die Stunden begonnen haben: etwa 14 Tage vor meiner Abreise aus Berlin, also frühestens Mitte Mai. Wie soll er da bis September bei zwei Stunden wöchentlich etwas lernen? Ich bin seit einem Jahr hinter ihm her, anzufangen, aber er hat bisher immer die Passagenarbeit vorgeschützt. Sämtliche Freunde sagen, daß er nicht nach Palästina gehen wird. Er hat vielleicht noch die Absicht gehabt, als er das Geld nahm, aber nicht mehr später. Trotzdem weiß ich nicht, ob er nicht fahren wird, aber wann, das weiß Gott allein, denn in diesem und den nächsten beiden Terminen wird ja noch über meine Sache verhandelt werden und dann kommt erst meine Gegenklage (außer, daß der Richter seine Klage abweist, was ich nicht weiß).

Die beiderseitige Schuld kann er erstreben, er hat Anlaß dazu, denn er hat ja ausdrücklich mir meine Freiheit gegeben, und er klagt nicht wegen Ehebruchs sondern wegen ehewidrigen Verhaltens (Du sagen etc.) Ein vernünftiger Richter würde unsern Hinweis auf den Paragraphen, der bei Kenntnis und Erlaubnis des Gatten das Recht zu klagen ausschließt, gelten lassen, aber dieser ist eben ein Boche, wie es scheint. Er hat ja nicht nur mir erlaubt zu tun, was er tat, sondern sogar mehrere Male mich geradezu dazu animiert. Aber ich weiß nicht, ob der Zeuge und ich überhaupt dazu kommen, das zu sagen.

Kurz vor dem eigentlichen Scheidungstermin hat die gerichtliche Aufarbeitung ihrer Ehe so absurde Züge angenommen, daß Dora darin den Preis der falsch gesetzten Lebensziele erblickt. Im Leichten und Zarten, das sie nun auf die Verlustliste ihrer Libertinage setzt, erkennt sie am Ende den Gewinn einer Partnerschaft, wie sie von ihr und Benjamin zu verwirklichen gewesen war.

Ich habe nun mehrere Termine hinter mir. Die ganze Sache nimmt groteske Formen an und ist an Gehalt und Atmosphäre nur noch mit der »Anderen Seite« zu vergleichen. Manchmal glaube ich, es ist alles nur ein Traum. Jetzt nennt Walter Lotte Wolff als Zeugin u.a. dafür, daß ich mich ihr gegenüber einer erotischen Technik gegen ältere Herren gerühmt habe. Um mir nicht zu schaden (sic!), will er die Namen von Herausgebern von Zeitschriften, Verlagsdirektoren etc. nicht nennen. Diese selbe Lotte Wolff hat die letzten drei Jahre ihres Studiums von dem Gelde bestritten, daß der Vater einer holländisch-wienerischen Freundin von mir ihr auf meine Bitten gab. Sapienti sat. Desgleichen hat Herr Friedrich Lange erklärt, ich hätte ihn gebeten, Walter zu entfernen, damit ich ungestört meinen Neigungen frönen könnte. Man weiß nicht mehr, ob man lachen oder weinen soll.

Ich habe heute in alten Briefen von Walter gelesen. Welche Veränderung in so wenigen Jahren. Er ist wie ausgewässert, verflacht, gemein gemacht. Welcher Charme, welche Anmut, welcher Geist und welche Tiefe noch in dem nebensächlichsten Satz! Und dabei behauptet er heute, nachdem er im letzten Schriftsatz die Beziehung zu Asja noch glatt zugegeben hat, ich sähe das falsch, sie sei schwer krank und wollte außerdem einen anderen Menschen heiraten. Gerhard, erinnerst Du Dich an mein Sternbild zum Lesabéndio? In diesen Tagen denke ich oft daran. Vielleicht gib es einen Stern, wo man geläutert werden kann und die Zeit zurückgedreht wird. Aus seinem wie aus meinem Leben ist alles Leichte, Zarte, Gute und Liebenswürdige verschwunden. Haben wir uns so tief in Schuld gestürzt? Goethes Freundin würde sagen, wir haben keinen versöhnten Gott mehr.

ICH HABE NUN MEHRERE
Dora Benjamin, Brief an Gerhard und Escha Scholem aus Berlin-Grunewald vom 1. Dezember 1929. Nachlaß Scholem.

LESABENDIO
»Die wahre Deutung erfaßt die äußerste Oberfläche der Dinge, ihre reinste Sinnlichkeit: Deutung ist Überwindung des Sinnes. Nach dieser Weise hat Scheerbart das Dasein eines Asteroiden entworfen und das Leben auf ihm. [. . .] Die Menschen auf diesem Sterne haben kein Geschlecht«. Walter Benjamin, »Paul Scheerbart: Lesabéndio«. Gesammelte Schriften, II, S. 618.

ANONYM: »DIE LIEBE DER HETTY RAYMOND«. STANDFOTO AUS DEM GLEICHNAMIGEN FILM MIT MIA MAY. SAMMLUNG HANS PUTTNIES, FRANKFURT A. M.

Die schönste und knappste Reaktion auf die benjaminsche Trennung stammt aus der Feder einer Berliner Madame de Sevigny, Scholems Mutter. Sie schrieb ihrem Sohn über viele Jahre eine äußerst vitale Briefzeitung, die zum Besten gehört, was bis 1939 aus Deutschland zu vernehmen war.

Ungeheuer interessiert hat mich die Scheidung von Benjamins, welche schöne Sensation wir beileibe nicht von Escha, sondern von Hermine, Ediths Köchin, erfuhren; Frau Dr. B. teilte ihr am Telefon seelenruhig mit, daß sie längst nicht mehr mit ihrem Manne lebe. Erich findet Herrn Dr. B. bewundernswert, daß er es solange mit dieser Sprechmaschine ausgehalten habe. Ich fand sie reizend. Bei uns herrscht eben Scheidungsepidemie; wer infiziert wird, muß sich scheiden lassen.

UNGEHEUER INTERESSIERT
Betty Scholem, Brief an Gershom Scholem vom 12. August 1930. Nachlaß Scholem. Klaus und Heidi Schütz wiesen uns freundlicherweise auf diesen Brief hin.

Der literarische Wert deutscher Richterprosa ist nicht hinreichend bekannt. Zumindest am Charlottenburger Amtsgericht gab es 1930 Autoren, die den ästhetischen Takt besaßen, all die reizvollen Details dieser Literatenehe im reinen Stil der Neuen Sachlichkeit zu verbuchen.

[Der Kläger] behauptet, daß die Beklagte zu dem Schriftsteller Lothar Brieger, der im Hause der Parteien verkehrt habe, ehewidrige Beziehungen unterhalte und auch Ehebruch mit ihm triebe. Die Beklagte habe ferner im Jahre 1923 oder 1924 mit einem gewissen Friedrich Podzus ein Liebesverhältnis unterhalten. Schließlich habe die Beklagte auch dadurch ehewidrig gehandelt, daß sie mehrfach dritten Personen gegenüber äußerst zynische Bemerkungen über die intimsten Beziehungen des Klägers zur Beklagten gemacht habe. [...]

[Die Beklagte] gibt die ihr zur Last gelegten ehebrecherischen und ehewidrigen Beziehungen zu dem Zeugen Brieger bis zur Erhebung der vorliegenden Klage durch den Kläger zu, behauptet aber, daß der Kläger hieraus keinen Scheidungsgrund gegen sie herleiten könne, weil der Kläger über ihre Beziehungen zu Brieger genau im Bilde gewesen sei und dieselben geduldet habe. Dies entspreche auch der Einstellung des Klägers, der ihr seit dem Jahre 1921, mit einer flüchtigen Unterbrechung im Jahre 1923, den ehelichen Verkehr versagt und seitdem mit anderen Frauen, insbesondere mit einer Frau Lacis, geschlechtlich verkehrt habe. Dieselbe Freiheit, die der Kläger auf sexuellem Gebiet seit Jahren für sich in Anspruch genommen habe, habe er auch ihr, der Beklagten, sowohl schriftlich wie mündlich wiederholt zugestanden.

Nach der Erhebung der vorliegenden Scheidungsklage durch den Kläger, in der sie einen Widerruf der ihr vom Kläger erteilten Erlaubnis zum außerehelichen Geschlechtsverkehr erblickt habe, habe sie ihre ehewidrigen Beziehungen zu dem Zeugen Brieger abgebrochen.

DER KLÄGER BEHAUPTET
Scheidungsurkunde, Charlottenburg, ausgefertigt am 24. April 1930. Sammlung Werkbund-Archiv, Berlin.

LOTHAR BRIEGER
Doras Beziehung zu diesem populären Kunstschriftsteller der zwanziger Jahre enstand im Ullstein Verlag, für dessen Magazine Lothar Brieger oft schrieb. Er war elf Jahre älter als sie und hatte sich seinen Namen mit Handbüchern gemacht, die für die aufkommende Sammlerschicht Zugänge zu den bezahlbaren Kunstformen des Aquarells und des Pastells freilegten. Er emigrierte 1933 nach Shanghai und überlebte den Krieg als Antiquitätenhändler.

Die Widerklage stützt die Beklagte in erster Linie darauf, daß der Kläger auch noch nach Erhebung der Scheidungsklage bis in die neueste Zeit zu anderen Frauen, insbesondere zu Asja Lacis und Ola Parem ehebrecherische, zumindestens aber ehewidrige Beziehungen unterhalten habe. [...]

[Der Kläger] bestreitet, der Beklagten generell die Erlaubnis erteilt zu haben, sich auf sexuellem Gebiet nach freiem Gutdünken zu betätigen. Von den ehewidrigen Beziehungen zwischen der Beklagten und dem Zeugen Brieger habe er erst durch ein Telefongespräch Mitte Dezember 1928 Kenntnis erhalten. Daß die Beklagte mit Brieger auch geschlechtlich verkehrt habe, habe er erst durch die Aussage des Zeugen Brieger erfahren. Was die ihm von der Beklagten in der Widerklage zur Last gelegten Eheverfehlungen anbelange, so habe er mit der Zeugin Parem niemals geschlechtlich oder auch nur ehewidrig verkehrt. Mit der Zeugin Lacis habe er im Dezember 1929 zwar einige Tage in der Pension Quisi-Sana in Bad Königstein im Taunus in getrennten Zimmern gewohnt, ohne daß es jedoch zu irgendwelchen Ehewidrigkeiten zwischen ihnen gekommen sei. [...]

Entscheidungsgründe: [...] Aus den ehebrecherischen und ehewidrigen Beziehungen, die die Beklagte zu dem Zeugen Brieger nach dessen glaubhaftem Bekundungsgrund und ihrem eigenen Zugeständnis bis zur Erhebung der vorliegenden Scheidungsklage durch den Kläger unterhalten hat, kann der Kläger einen Scheidungsgrund gegen die Beklagte nicht herleiten, weil das Gericht als erwiesen ansieht, daß der Kläger schon seit Jahren der Beklagten insbesondere auch auf sexuellem Gebiet vollkommene Freiheit gelassen und um ihre intimen Beziehungen zu Brieger gewußt und dieselben geduldet hat. [...]

ATELIER SANDAU: PROMENADEN-
SCHUHE IN HALBBROGUEFORM
VON ARTHUR JACOBY, BERLIN, UM
1928. SAMMLUNG HANS PUTT-
NIES, FRANKFURT A. M.

Unstreitig haben die Parteien, von denen der Kläger 37, die Beklagte 40 Jahre alt ist, seit dem Jahre 1921, abgesehen von einem zweimaligen Verkehr im Jahre 1923, nicht mehr geschlechtlich miteinander verkehrt, sondern mit dritten ihnen genehmen Personen Liebesverhältnisse unterhalten, und zwar nicht etwa hinter dem Rücken des andern Teils, sondern mit dessen Kenntnis und Zustimmung. Welch laxe Auffassung der Kläger von dem Wesen der Ehe und der ehelichen Pflichten gehabt hat, ergibt sich zweifelsfrei aus seinem Schreiben an die Beklagte von 17. Juni 1921 [...], in dem er der Beklagten jedes Liebesverhältnis mit Ernst Schoen auch für die Zukunft verzeiht. Bei dieser Einstellung des Klägers ist es auch in der Folgezeit verblieben. Er hat, wie er selbst zugibt, fortgesetzt außerehelichen Geschlechtsverkehr gepflogen, insbesondere mit einer Frau Lacis, und der Beklagten die gleiche Freiheit auf sexuellem Gebiete gelassen.

Diese Überzeugung hat das Gericht insbesondere aus dem Verhalten des Klägers im Falle Brieger gewonnen. Nach der Bekundung dieses Zeugen, der auf das Gericht einen durchaus glaubwürdigen Eindruck gemacht hat, hat der Kläger, schon bei dem ersten Besuch des Zeugen im Hause der Parteien, die Beklagte mit dem Zeugen den Abend über allein gelassen. In gleicher Weise hat sich der Kläger bei den zahlreichen weiteren Besuchen des Zeugen verhalten. Aus diesem, mit den gesellschaftlichen Gepflogenheiten nicht in Einklang zu bringendem Verhalten des Klägers und der Tatsache, daß vom Kläger kurz zuvor zwei Bücher erschienen waren, von denen er das eine seiner Ehefrau, das andere seiner Freundin Lacis gewidmet hatte, hat der Zeuge einen Rückschluß auf die oben bereits dargelegte Einstellung des Klägers zur Ehe und auf seine Kenntnis und Billigung des ehewidrigen Verhältnisses des Zeugen zur Beklagten gezogen. Daß dieser Rückschluß des Zeugen treffend war, ergibt auch das weitere Verhalten des Klägers im Falle Brieger.

Der Kläger will von den ehewidrigen Beziehungen der Beklagten zu Brieger erst etwa Mitte Dezember 1928 durch ein zufällig mitange-

»Aber man vergißt es nur zu gern: die Ehe ist eine altmodische Einrichtung. Und eine einseitige. Einer ist darin immer der Gebende, er empfängt nur, indem er schenkt. Je reicher er ist, je selbstloser, je verschwenderischer, desto mehr erfüllt er die Gesetze der Beziehung. [. . .] Vielleicht ist das der Grund, warum die moderne Frau so ungern ein Genie zum Gatten wählt; der schöpferische Mann braucht meist diese Ehe, in der er nur gibt, indem er empfängt. Unbewußt wird ihm die Frau zur Mutter, denn sein Geist hat eigentlich nie das Reich der Phantasie, welches ja das Reich des Kindes ist, verlassen.« Dora Sophie Kellner, »Die alte Frau des jungen Mannes«. Die Dame, 56 Jg., Heft 9 (Zweites Januarheft 1929), S. 51.

SASHA STONE: SPARGEL, RICHTIG GEGESSEN. WERBEFOTO MIT CAMI STONE ALS MODELL. UM 1930. FOTOGRAISCHE SAMM-LUNG, MUSEUM FOLKWANG.

hörtes Telefongespräch, in dem sich die beiden duzten und zärtliche Worte »mein Herz« und dgl. wechselten, Kenntnis erhalten haben. Hätte nun der Kläger, wie er es jetzt darzustellen bemüht ist, bis zu jenem Zeitpunkt an einen rein kameradschaftlichen Verkehr mit Brieger geglaubt, und hätte er, als er sich auf Grund des zufällig mitangehörten Telefongespräches vom Gegenteil überzeugen mußte, dies als eine schwere Kränkung seiner Mannesehre und als einen Scheidungsgrund empfunden, dann würde er sicherlich sofort die Konsequenzen aus dem ehewidrigen Verhalten der Beklagten gezogen haben. Statt dessen hat er wenige Wochen später den Geburtstag der Beklagten – 6.1.1929 – mit dieser und Brieger zusammen in angeregter Weise gefeiert und ist sogar wieder einige Wochen später in die Wohnung der Beklagten, von der er einige Monate getrennt gelebt hatte, zurückgekehrt.

Der Kläger hat auch trotz Kenntnis der ehewidrigen Beziehungen zwischen Brieger und der Beklagten kein Bedenken getragen, sich von der Beklagten eine Zeitlang unterhalten zu lassen und diese zu ersuchen, sich doch von Brieger Geld zu borgen. Dieses Verhalten des Klägers, der als Schriftsteller den gebildeten Volkskreisen angehört, beweist dem Gericht in einer jeden Zweifel ausschließenden Weise, daß der Kläger das ehewidrige Verhältnis zwischen Brieger und der Beklagten seit langem gekannt und gegen dasselbe in Anbetracht seiner Einstellung zur Ehe und der von ihm selbst beanspruchten völligen Freiheit auf sexuellem Gebiet, nichts einzuwenden gehabt hat. Haben sich die Parteien aber, wie das Gericht aus den dargelegten Gründen als erwiesen ansieht, und wie die Beklagte von Anfang an behauptet hat, gegenseitig völlige Freiheit auf sexuellem Gebiet schon seit Jahren zugesichert, dann sind damit sämtliche Ehebrüche, die die

»Das Genie ist vielleicht in den meisten Fällen kein guter Ehegatte. Möglich, daß es für die engen Grenzen des Familienlebens zu groß ist, und daß man ihm keinen Vorwurf daraus machen kann, wenn es im Leben genau so wie in seiner Arbeit Ketten und Grenzen sprengt. Aber das ist kein Grund, um aus den armen Frauen, die das Unglück eine solchen Ehe hatten, Dämonen und Schuldige zu machen.« Lothar Brieger, »Vom bösen Weibe, das keines war«. Die Dame, Jg. 59, Heft 25 (Erstes Septemberheft 1932), S. 39.

M. SCHWARZER: OLA PAREM. TITEL-
BILD DES »UHU«. 5. JG., H. 1
(OKTOBER 1928)

Parteien bis zur Erhebung der vorliegenden Klage begangen haben,
als verziehen [...] anzusehen. [...]

Dagegen war der Widerklage [...] stattzugeben. Die Beklagte, die
vom Zeitpunkt der Klageerhebung ab, der Abmahnung des Klägers
betreffend ihre bisher vollkommen freie Betätigung auf sexuellem
Gebiet Rechnung getragen und den ehewidrigen Verkehr mit Brieger
sofort eingestellt hat, kann naturgemäß ein Gleiches, den Pflichten
der Ehe gerechtwerdendes Verhalten auch vom Kläger verlangen.
Daß der Kläger diesem von der Beklagten zu Recht vertretenden
Standpunkt nicht Rechnung getragen, sondern auch nach dem
14.5.29 ein mit den Pflichten eines Ehemannes unvereinbares Verhalten an den Tag gelegt hat, hat die Beweisaufnahme ergeben.

So hat der Kläger nach wie vor mit der Zeugin Parem Restaurants,
Kinovorstellungen und die Oper besucht. Er hat ferner nach der
Bekundung der Zeugin Hübel an einem Abend im Sommer 1929
Damenbesuch auf seinem Zimmer empfangen, der bis in die frühen
Morgenstunden bei ihm verblieben ist, und er hat schließlich, wie die
polizeiliche Auskunft vom 22.1.1930 (Bl. 106 d.A.) ergibt, und wie er

selbst nicht in Abrede stellt, mit seiner Freundin, Frau Lacis, mit der er lange Jahre hindurch Ehebruch getrieben hat, noch im Dezember 1929 fünf Tage lang in der Pension Quisi-Sana in Bad Königsstein im Taunus gewohnt. Daß der Beklagten in Anbetracht dieses auch nach der Erhebung der Scheidungsklage vom Kläger fortgesetzten ehewidrigen Verhaltens die Fortsetzung der völlig zerrütteten Ehe nicht zugemutet werden kann, bedarf keiner weiteren Ausführung.

Erst jetzt wird Dora auch klar, daß die Scheidung von Walter alle literarischen Verbindungen in Frage stellt, die sie gemeinsam besaßen. Es sind ja nicht irgendwelche Freunde, die sich auf die Seite des armen, von Kinderbüchern, Erbteil und Sorgerecht befreiten homme de lettres schlagen.

Eigentlich habe ich mich voriges Jahr, als die ganzen schrecklichen Dinge schwebten und ich sozusagen von einer Verhandlung zur anderen mich nur ganz still duckte, um nicht neues Unheil heraufzubeschwören – als Papa mir starb, ebenso zwei Freundinnen, eigentlich meine einzigen, Mama überfahren wurde und so weiter – mich viel besser gehalten. Es brauchte mir jetzt nicht schlecht zu gehen. In Amerika habe ich sehr reizende Freunde, mit denen ich eifrig korrespondiere, eben erscheint mein zweiter Roman in der »Dame« – schreie nicht, Du bekommst ihn als Buch oder im MS – und ich habe bei der »Auslese«, einer guten Zeitschrift, sehr viel zu tun (Übersetzungen). Speziell der Dame-Roman ist ein großer Schritt vorwärts. Stefan ist unbeschreiblich lieb und anhänglich und macht mir nur Freude. In der Wohnung bleibe ich vorläufig noch, solange das Haus nicht verkauft ist – Du wirst ja wissen, daß meine Schwiegermutter

EIGENTLICH HABE ICH
Dora Benjamin, Brief an Gerhard Scholem
vom 1. Dezember 1930. Nachlaß Scholem.

gestorben ist –, sie haben es schon zum Verkauf aufgegeben, es wird aber nicht leicht zu verkaufen sein, also habe ich nicht so schlechte Zeiten. Aber ich kann Dir nicht schildern, wie mir ist.

Eigentlich weiß ich gar nicht, wozu ich lebe. Obwohl das eine Sünde ist, wie ich mir wohl bewußt bin, schon Stefans wegen. Aber sieh mal: alle meine Freunde gehören zu Walters Kreis, und er hat alle vor die Alternative gestellt, worauf sie sich natürlich nicht mehr um mich kümmern. Ernst Schoen hat sich geradezu katastrophal benommen, Bloch kaum besser; sie haben eben alle mehr von ihm, ich kann keine großen Aufsätze über »Herrn Schoen« in der Literarischen Welt schreiben. Im übrigen sah ich Ernst u. Bloch sowieso nie, aber es ist doch was anderes. Ähnlich geht es mir mit allen Leuten, die systematisch abgehalten wurden, mit mir zu verkehren. Ich mache mir wenig daraus, sage mir, ich hätte nichts verloren, aber ich bin dadurch ungeheuer vereinsamt und denke vielleicht mehr als recht ist an früher. Vielleicht liegt es auch daran, daß ich lange krank war (Bronchitis), sicher auch an der furchtbaren Stimmung, die hier herrscht – ich empfand das stärker, als ich aus Amerika zurückkam; inzwischen gewöhnt man sich ja leider daran und wird ebenso. Du ahnst nicht, wie mieß hier allen ist, auch denen, die gar keinen Grund haben. [...]

Ich kann begreifen, wie sehr Dich kränkt, daß Walter nicht kommt. Ich stelle mir vor, daß es wirklich seinerzeit nur ein Ausweg aus der Not für ihn war und er heute nicht mehr ernstlich daran denkt, aber sich scheut, es Dir zu sagen. Er wohnt in möblierten Zimmern neben seinem Vetter Egon Wissing und dessen Frau, die vermutlich auch nicht nur guten Einfluß auf ihn haben. Ob die Passagenarbeit fortschreitet, weiß ich nicht. Bei Mamas Verbrennung sah er schrecklich aus, aber das ist ja begreiflich.

Acht Monate danach konnte Dora sich endgültig von der Trennungsaffäre lösen und Walter fast emotionslos gegenübertreten. In dem Bericht, den sie Scholem von ihrer neuen Haltung gibt, verbindet sie das persönliche Schicksal mit dem erwarteten Niedergang des Kapitalismus – nicht sehr zwingend, wenn man weiß, daß sie gerade jetzt als Journalistin, Übersetzerin und Verfasserin von Illustriertenromanen eine Blüte erlebt. Sie sollte später noch zahlreiche Beweise jenes praktischen Sinns geben, den Belmore an ihr so auffallend fand. Die Pension, die sie aus Honoraren und Scheidungsgeldern in San Remo eröffnete, die Mietshäuser, die sie in London besaß: das zeugte schon von einem hohen Überlebenswillen, und Benjamin war in den schwierigsten Zeiten seines Exils wiederholt ihr Gast. Doch auch dann blieb er allein auf seiner Insel, und es gelang ihr nicht, in zurückzugewinnen und in die Freiheit zu retten.

ANONYM: DORA BENJAMIN. UM 1927. JEWISH NATIONAL LIBRARY, JERUSALEM

Ich hatte solange nicht geschrieben, weil ich mit verschiedenen Dingen innerlich beschäftigt war, die sich nicht eigneten, brieflich mitgeteilt zu werden. Mehrere Monate vergingen u.a. teils mit der Erwartung, teils mit dem Besuch eines Amerikaners, mit dem ich befreundet bin:

ICH HATTE SOLANGE NICHT
Dora Benjamin, Brief an Gerhard Scholem vom 15. August 1931. Nachlaß Scholem.

es ist der Romanschriftsteller Joseph Hergesheimer, wohl der beste lebende amerikanische Schriftsteller und ein interessanter, wenn auch sehr problematischer Mensch. Ich hatte ihn in Amerika kennengelernt, da ich seine Bücher für Rowohlt übersetzen soll und auch schon habe, und er hat mich besucht. Er wollte gleichzeitig etwas über Mitteleuropa schreiben und so fuhr ich mit ihm nach München, Tegernsee, Wien. [...]

Da Walter seinerzeit ihn sehr schätzte und ich in beider Ideen viel Verwandtes fand, schrieb ich Walter von München aus und nahm distanziert und sachlich den Verkehr wieder auf; der Anlaß war eben das Kennenlernen von Hergesheimer. Dieser schreibt vieles von meinem Unglück der Ehe zu; er sagte von Walter, »er käme ihm vor, als wäre er eben von einem Kreuz herabgestiegen, um das nächste zu besteigen.« Wenn ich Dir nun sagen soll, wie ich zu Walter – den ich aus Geschäftsgründen öfters seither sah – stehe, so ist das schwer; ich fühle nicht das Allergeringste mehr für ihn. Andererseits tut er mir, der sich jetzt in nicht sehr guter pekuniärer Lage befindet und von seiner Schwester furchtbar ausgebeutet wird, sehr leid. Geistig ist er mir sehr maßgebend, genau wie früher, aber ich bin eben selbständiger geworden. Er steht gar nicht zu mir, wie mir genau bewußt ist; ist mir nur dankbar für meine anständige Haltung, und es ist mir auch recht so. [...]

Die furchtbare pekuniäre Lage – kaum Verdienstmöglichkeiten, Walter kann die Hypothekenzinsen nicht zahlen, Rowohlt pleite, Ullstein abgebaut – berührt mich wenig, sonderbarerweise; irgend etwas wird sich wohl immer finden; auch kann ich es nicht desaströs finden, wenn wirklich die kapitalistische Ära abgelöst wird. Die meisten Verwöhnungen sind zu überwinden.

FÜNFTES
KAPITEL

GISELE FREUND: WALTER BENJA-
MIN KONSULTIERT IN DER BIBLIO-
THEQUE NATIONALE DAS
»GRAND DICTIONNAIRE UNIVER-
SEL DU XIXe SIÈCLE«. PARIS, 1937

PIECES DE RESISTANCE

SCHNAPPSCHÜSSE AUS DEM LITERARISCHEN EXIL

K *napp drei Wochen nach dem Reichstagsbrand verließ Benjamin Berlin und brach von Paris mit Jean Selz nach Ibiza auf. Noch immer schien die Insel, die in seiner Erinnerung das friedliche Bild des vorigen Sommers trug, die beste Warteposition zu bieten, um die augenblickliche Krise in Deutschland ökonomisch zu überbrücken. Nichts in seinen ersten Äußerungen deutet darauf hin, daß er an eine längere Trennung von seinen Lesern glaubte. Nichts in seiner bisherigen Publikationsstrategie hatte ihn auch auf ein politisches Exil vorbereitet. Die präventive Selbstzensur seiner Redakteure unmittelbar vor der Machtergreifung, die ungelesen retournierten Manuskripte ließen ihm jedoch keinen Zweifel, daß seine Existenz in Berlin gefährdet war. Was er noch nicht wußte, war die Tatsache, daß viele so dachten wie er und das preisgünstige Asyl Ibiza zur Friedrichstraße machten.*

All unsere Gedanken drehen sich seit Monaten um die Ereignisse, die sich seit langem angekündigt hatten und die seit einigen Wochen Realität geworden sind. Sie wissen, daß ich von Deutschland spreche,

ALL UNSERE GEDANKEN
Felix Noeggerath, Brief an Jean Selz vom
24. März 1933. Nachlaß Noeggerath,
München.

das sich von einem Tag zum andern von seinen schönsten geistigen und moralischen Traditionen abgewendet hat und sich einer Sache hingibt, die Zukunft zu nennen ich zögere. Was die Gegenwart anbelangt, so übermittelt jeder Brief, der uns von dort erreicht, eine neue Trauernachricht. Der letzte kam von unserem Freund Benjamin, der sich kaum noch wagt, aus dem Haus zu gehen – und er hat gute Gründe, ein solches Abenteuer als gefährlich zu betrachten. Er bittet mich, ihm hier Zuflucht zu gewähren. In San Antonio wird es viele ähnliche Fälle von Leuten geben, die den Terror, der in meiner Heimat herrscht, fliehen. (Wenn Sie ihm zufällig schreiben sollten, sprechen Sie nicht über diese Dinge, denn die Briefe werden geöffnet, er könnte großen Ärger bekommen.) Es scheint also, als wären wir Emigranten geworden und müßten uns auf ein neues Leben einrichten.

Wie sollte es möglich sein, auf den Balearen in dieser Zeit Honorare zu erschreiben? Die naheliegendste Lösung bestand darin, die alten Seilschaften zu erneuern, und so mußte Benjamin besonders über ein Lebenszeichen von Wilhelm Speyer erfreut sein. Dieser Dramatiker und Romancier, der wie er durch die Schule Haubindas gegangen war, bildete für ihn eine Art stilles Kapital. Beide hatten gemeinsam für das Boulevard-Theater geschrieben – »Es geht. Aber es ist auch danach!« war hier ihr größter Erfolg – und Speyer, dessen jüdische Familie hinter einem protestantischen Paravent verschwand, hatte alle Aussicht, die florierende Produktion weiter auf deutsche Bühnen zu bringen. Doch sein erster Brief setzte schon einen anderen Ton.

FREUND BENJAMIN
»Mein alteingesessenes Mißtrauen gegen das Siedlerwesen, das ich zum ersten Male in Grünau als Gast im Hause Gutkind kennen lernte, hat hier, im Haus der Noeggerath, eine, mir nunmehr allzudrastische, Bestätigung erfahren.
Hinzukommt die recht unerfreuliche Natur der Dorfbewohner. Kurz, ich sehne mich jetzt schon nach den gesättigten Schatten, mit denen die Flügel der Pleite diese ganze Krämer- und Sommerfrischlerherrlichkeit in wenigen Jahren unter sich werden begraben haben.« Walter Benjamin, Brief an Gershom Scholem vom 16. Juni 1933. Walter Benjamin / Gershom Scholem, Briefwechsel 1933 –1940, S. 78.

Ausgerechnet excaculé Klaus Mann muß mir sagen, wo Sie sind. Der Hessel tut und tut es nicht. Er ist von der Schönheit der nationalen Erneuerung so fasziniert, daß er nicht schreibt. Ich bin so sehr froh für Sie, daß Sie es erreicht haben, fort zu gehen. Daß Sie fort sind, weiß ich schon längst, Maria schrieb mir, Sie seien in Paris. Ich bin so überaus froh für Sie, denn Ihr Schicksal war mir höchst ungewiß und trüb. Ich schrieb nicht an Sie, weil ich nicht wußte, ob Sie in Berlin Briefe aus dem Ausland haben wollten.

Klaus sagte mir auch, die spanische Regierung nehme alle deutschen Juden, die vertrieben seien, als Staatsangehörige auf. Das wäre doch ganz herrlich schön. Ist es auch wahr? Und werden Sie davon Gebrauch machen? Dieser Brief ist eine Taube, eine Versuchstaube, wenn es solche gib. Denn immer erst weiß ich nur, daß Sie auf Ibiza, nicht aber, ob Sie auf San Antonio sind. Deshalb möchte ich mein teures Farbband schonen, bis ich von Ihnen gehört habe, daß der pigeon d'essaie auch wirklich bei Ihnen eintraf. Sobald ich das weiß, werde ich mächtig loslegen. Es ist doch zu schön, von der Schweiz aus nach Spanien zu korrespondieren, ohne daß unsere Verehrten das Ohr horchend an das Couvert legen können.

Als Speyer Benjamins Lebenszeichen erhält, antwortet er unmittelbar mit einem langen Brief aus Luzern, der sich unverhofft aus melancholischem Klatsch zu einem großen Porträt des historischen Augenblicks weitet.

Wir wollen uns zum Grundsatz machen: wer in das Pestland zurückkehrt, läßt sich Briefe nicht nachsenden, und nimmt auch keine mit. So kann man sich freier äußern. Ich denke noch nicht, daß ich Sie recht verstanden habe: weil Ihr Paß ablaufen wird, wollen Sie nach Deutschland zurück? Wollen Sie sich beim nächsten fingierten – zu

AUSGERECHNET EXCACULE
Wilhelm Speyer, Brief an Walter Benjamin aus Lugano vom 24. April 1933. Akademie der Künste, Berlin.

WIR WOLLEN UNS
Wilhelm Speyer, Brief an Walter Benjamin aus Lugano vom 7. Mai 1933. Akademie der Künste, Berlin.

dem sie ja nach einiger Zeit werden greifen müssen – oder veritabeln Attentat massakrieren lassen? Ich bin der Ansicht, Sie sollten überhaupt nicht mehr zurück. Sie sollten nach Paris gehen und dort versuchen, sich eine Basis zu schaffen und Sie sollten auch versuchen, eine andere Staatsangehörigkeit zu erwerben. Ich glaube, daß Sie, bei Ihrer bescheidenen Lebensführung, in Paris durchkommen werden, da man Ihnen dort, als Übersetzer von Proust und andern bedeutenden französischen Autoren bestimmt helfen wird. Wenn es Ihnen gelänge, Stefan herauszubekommen, so sollten Sie dann glanzvolle Artikel gegen den deutschen Geist von heute schreiben. Auf Ibiza sollten Sie bis zum Herbst National-Sozialismus und Französisch studieren – jeden Tag mindestens eine Stunde National-Sozialismus, wie Herr Thälmann, der hoffentlich gut aufpassen wird. Sie sollten dann von einem sehr hohen Stockwerk herab schießen, Sie könnten das. Sie fänden auch zuerst bestimmt einen Mitarbeiter, den Sie später werden entbehren können. Wenn Heine französisch schreiben konnte, weshalb sollten Sie es dereinst nicht einmal können? Sie sollten Ihre deutschen Arbeiten jetzt nur als Schanzarbeiten, schnell aufgeworfen, auf dem endgültigen Rückzug betrachten und sich der Zukunft zuwenden, die für Sie nicht in Deutschland, sondern in Frankreich liegt.

Nun eine Frage: würden Sie von einem französischen Komitee zugunsten vertriebener Juden eine Unterstützung annehmen? Betrachten Sie sich als vertrieben? Ich denke, Sie sollten es. Ihre Basis ist allzu schmal geworden. Sollten Sie etwa hinsichtlich der Dauer des Regimes sich Illusionen hingeben? Doch wohl nicht. Im Krieg war man einig gegen dieses Land. In der Epoche der Weltwirtschaftskrise wird es bald Überläufer geben und geben müssen. Man sagt mir, daß

ATELIER HESS: WILHELM SPEYER.
AUS: SÜDWESTDEUTSCHE RUND-
FUNK-ZEITUNG, 5. JG., NR. 31
(4. 8. 1929), S. 2

die Engländer fest entschlossen seien, diese Bande nicht zu dulden.
Mit der üblichen langsamen Beharrlichkeit würden sie sie erledigen.
Es wäre das erste Mal, wenn sie nicht reüssierten. Aber es gibt in
unserer Zeit so mancherlei ›erste Mal‹... Ein Trost, daß Brecht ein
Ballett geschrieben hat. Wenn ich bedenke, daß er mir noch vor 1 1/2

Jahren erklärte, er könne in seiner Maßnahme dieses oder jenes wie mir schien sinngemäße Wort nicht gebrauchen, weil es gegen die orthodoxe Moskau-Doktrin sei, so könnte ich vor bitterem Lachen platzen. Wie stehen Sie nun zu meiner Russen-Antipathie? Ist es richtig und lobenswert, wenn ein anständiger West-Europäer dorthin sieht? Schau sie nicht an und geh vorüber. Ich muß, anläßlich der Haltung des Stalin eben doch einmal wieder, was Sie so garnicht leiden mögen, ›national‹ kommen. Wenn der Klassenkampf von gewissen Nationen sein mot d'ordre empfangen will, ist er foutu. Wollen Sie nicht hören.

Ad me: Eigentlich dasselbe wie bei Ihnen. Noch wollen Ullsteins und andere mich, aber man schämt sich ja, wenn man in der Berl. Ill. stände. Viel schwerer wiegt: man kann eigentlich nichts schreiben. Kriminalromane. Kinderbücher vielleicht. Aber man platzt ja vor Haß, und soll sich da durchschlängeln. Ich gehe vielleicht nach Eng-land und arbeite mit einem sehr guten Übersetzer, der gern mit mir arbeiten möchte. Aber es wird wohl elend schwer sein. Es fehlt mir auch ein wenig an Spannkraft. – Ich habe übrigens eine sehr schöne Novelle (von 90 Seiten) geschrieben, die Ullsteins kaufen wollen; da mir aber ihr Angebot nicht genügte, gab ich die Novelle jetzt zu Vellhagen. – Pallenberg sagte gestern zu mir, und er hat recht, der Gute: Schreiben Sie den Roman des Hasses, das Geld liegt auf der

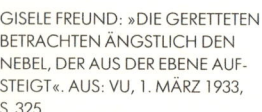

GISELE FREUND: »DIE GERETTETEN BETRACHTEN ÄNGSTLICH DEN NEBEL, DER AUS DER EBENE AUF-STEIGT«. AUS: VU, 1. MÄRZ 1933, S. 325

Straße. – In der Tat, man sollte es tun: keine Streitschrift mit Invekti-
ven, sondern eine große Dichtung des Hasses. Biographisches Material sich verschaffen die chiefs betreffend. Und dann einen deutschen
echt deutschen Entwicklungsroman schreiben: wie der Adolf im
Inntal wurde; wie Goering und Goebbeles in Rheydt. Und wie sie sich
dann finden. Und die Macht finden. Und wie Goebbeles dann in seine
Schule zurückkommt.... Das alles im echt deutschen Ton, ohne mit
der Wimper zu zucken. Mit Heidelbergromantik. Es könnte ein Buch
wie ›Im Westen nichts Neues‹ werden.

Ich lebe hier, einige Zeit war ich von Franks eingeladen, jetzt nicht
mehr. Ich muß zusehen, fortzukommen, habe aber kein Geld dazu.
Ich gehe vielleicht nach Süd-Frankreich. Von Maria bin ich seit drei
Monaten getrennt, das hat uns beiden gutgetan. Ich glaube nicht, daß
wir uns trennen werden. Ich sah erst in der Trennung, wie unendlich
ich an ihr hänge, und ich habe die Hoffnung, daß es beim nächsten
Mal gut sein wird. Sie ist in Berlin und benimmt sich heroisch und
höchst liebenswert. Vielleicht hat sie manchmal nicht genug zu essen... Ich war in Poveromo ein Krösus. Jetzt habe ich überhaupt nie
Geld, garkeins in des Wortes fast buchstäblicher Bedeutung. Ein
Papierschein erregt mein Erstaunen. Ich will zusehen, ob ich Konkurs
ansagen kann. Anders geht es jetzt wohl nicht weiter. Ich bin heute
wohl gefährdeter als Ihr alle, weil ich die doppelte Last trage.

Von Rowohlt höre ich, daß er sehr wackeln soll. Aber da ändern
sich die Nachrichten täglich. Er versucht sich umzustellen, er trudelt
sich geradezu vor Umstellungen, wie ein Hund, der seinen Platz auf
dem Kissen bereiten will. Rowohlt sollte in dem Haßroman nicht
fehlen, denn er ist der Deutsche unserer Tage: treuherzig, tückisch,
charakterlos und ideal gesinnt. Von Ullsteins höre ich, sie ständen

ANONYM: JEAN SELZ, EIN
LANGUSTENFISCHER, PAUL
GAUGUIN UND WALTER BENJA-
MIN (VON LINKS) AUF EINER
BOOTSFAHRT VOR IBIZA. MAI 1933.
SAMMLUNG MARGA NOEGGE-
RATH, MÜNCHEN

deshalb fest, weil sie sich mit irgend einem großen ausländischen
Konzern eng verbunden hätten. Ich werde zu erfahren versuchen,
welchem. Die trudeln nicht mehr, die sausen wie die Mickymaus.

Zum Stück: wäre viel zu sagen. Änderung – kennen Sie die eigentlich? Ist ungeheuer geglückt, sagt man. Wenn Sie sie nicht kennen,
dann lassen Sie es mich gleich wissen. In Poveromo war doch ein
seltsames geistiges Klima. Diese Zerwürfnisse und leidvollen Kon-
flikte wegen des vierten Aktes: und in Berlin war es mir, nach einem
Gespräch mit Werner Kraus, plötzlich ganz klar. Es gibt keinen

»Die eine [Erkundungswanderung] unternahm ich vor kurzem in der sehr angeneh-
men Gesellschaft eines Enkels von Paul Gauguin, der den Namen seines Großvaters
trägt. Wir ließen uns von einem Langustenfischer – nicht ohne vorher Einblick in sein
Handwerk getan zu haben – an einem einsamen Küstenfleck absetzen, und marschier-
ten von dort in die Berge.« Walter Benjamin, Brief an Gershom Scholem vom 16. Juni
1933. Walter Benjamin / Gershom Scholem, Briefwechsel 1933–1940, S. 77.

vierten Akt mehr. Am 21. April sollte in Wien die Uraufführung sein. Aber wir haben das hintertrieben. Ich wollte das nicht. Zumal mit Kortner wollte ich es nicht. Nun lief Kortner zur Presse und griff den Verlag und mich persönlich an. Unter dem Titel: Juden unter sich! Es war ein Spaß.... Nun wollte ich Kortner nicht wegen seines Standesregisters, sondern – ich weiß nicht, wie es mit der momentanen Sehkraft der blinden Henne steht – vielleicht erraten Sie es: nicht Kortners Standesregister war maßgebend, sondern daß ein Schauspieler, der naturnotwendig einen jüdischen Typ darstellen muß, heute dem Stück eine gefährliche Position gibt, nämlich eine dem Antisemitismus genehme. Ein jüdischer Rechtsanwalt also, der ein arisches Mädchen erwürgt, durch seine Schlauheit die Justiz an der Nase herumführt und zur Belohnung seine blonde Frau – na, sogar eine blinde Henne hört den Hund im Völkischen Beobachter gehen, wie?

Nun hatte man mir, da man sich ja stets hinter dem breiten Rücken des Autors verkriecht, telegraphiert vom Verlag aus – seiner Zeit – ich solle gegen Kortner protestieren. Ich war hingegen klug genug, das nicht zu tun, sondern an den Verlag zu schreiben, ich sei aus grundsätzlichen Erwägungen abgeneigt, Kortner Schwierigkeiten zu bereiten. Man solle die ganze Aufführung generaliter verhindern, aber spezialiter nichts gegen Kortner unternehmen. Das gab mir die Möglichkeit – da ich den Wienern nicht den Unterschied zwischen einem Juden von Abkunft wie Kainz, der nicht naturnotwendig einen Juden darstellen muß, und einem wie Kortner erklären möchte – kurz und bündig zu antworten: ich hätte es abgelehnt, gegen Kortner etwas zu unternehmen, obwohl ich schon Monate zuvor mit Kraus verabredet hatte, daß er früher oder später das Stück spielen werde und obwohl ich das Stück für Kraus geschrieben hätte. Damit war Kortner, (der

geschrieben hatte, ich sei auch nicht im Dom zu Sp. geboren! Was so
Juden für Vorstellungen von den Funktionen eines deutschen Domes
haben, sie werden eben bei uns nie heimisch) erledigt und die Polemik
hörte auf.

Das Interesse für das Stück ist nun wohl eher noch größer geworden, aber ich weiß nicht, ob man in der nächsten Saison in Deutschland noch ein Stück von mir wird spielen können. Und in Wien? Da
werden wir sehen. Ich glaube nicht, daß der National-Sozialismus da
ohne europäischen Krieg durchkommt. Gestern ließ mich auch der
ausgezeichnete Klöpfer wissen, er wolle die Rolle gern spielen. Es gibt
keinen großen deutschen Schauspieler, der sie nicht spielen möchte.
Unsere Berechnung war richtig, als wir ein und dieses Stück schrieben
und uns so viel Zeit und wüsten Krach dafür gönnten. Aber für mich
ist es nun eben doch zu einer Katastrophe geworden in Hinsicht auf
die Veränderungen, daß ich damals keinen Roman schrieb, der gewiß
noch vor Toresschluß in der Berl. Ill. angenommen worden wäre.
Ohne diese Revolution hätte man schon seit März jeden Monat
fließende Einnahmen. Momentan geht überhaupt niemand in das
Theater. Die Hoffnung der deutschen Bühne sind Schlageter und – ein
Stück von Goebbeles ›Der Wanderer‹. Da kommt das Geschwür zum
Platzen: verhinderte Dramatiker.

Ich käme also gern mal nach Ibiza, aber ich glaube, es ist zu weit.
Und lange halte ich es so weit wohl nicht aus. Wieviel Geld brauchen
Sie, bei ausreichendem Essen? Wenn ich käme, so wär es nur für ein
paar Wochen. Mein Wagen steht in Florenz und ich kann ihn nicht
bewegen. Die Baronin Münchhausen und die Gutry können sich
weinend in die Arme sinken: ich schulde der lieben Münchhausen –
die bezaubernd ist und mich tröstet – auch Geld. Ich habe mir einen

genialen Ausspruch von Gert notiert, die ich durch Klaus fragen ließ –
da sie in München zum Fasching war – ob sie nicht der Gutry Geld
schicken könne: Die sei so arm, daß es sich garnicht lohne, ihr was zu
schicken. Das ist groß, Shakespeare wäre vor Neid erblasst.

Nun habe ich für heute genug geredet. Schreiben Sie mir vernünftig,
was Sie so denken. Ist das eigentlich Scherz mit Detlef Holz? Soll der
Bengel wirklich eine Literaturgröße werden?

ANONYM: LOTTE UND EGON
WISSING, BENJAMINS COUSIN
UND FREUND. NIZZA, 1928

Mit der Aussicht, nun wenigstens für die »Zeitschrift für Sozialfor-
schung« Bezahlbares schreiben zu können, kehrte Benjamin im
Herbst zu seinem besten Bibliotheksstandort zurück, nach Paris.
Ein Bekannter aus der Studentenzeit, als Bibliothekar aus Hannover
in den einstweiligen Ruhestand versetzt, sah ihn dort.

DETLEF HOLZ
Zu Benjamins Versuch, mit einem arischen Pseudonym weiter die
deutschen Feuilletons zu beliefern, bemerkt Speyer noch einmal:
»Ullstein und Scherl wollen und nehmen übrigens fortgesetzt
Sachen von mir, – keine Detlefs, sondern richtige Wilhelms. Ich
finde es äußerst amüsant, daß Sie mit Ihrem Detlef losgezogen
sind. Wenn mal sowas erscheint, müssen Sie es mir schicken.«
Brief vom 29. Mai 1933. Akademie der Künste, Berlin.

Sehr verehrter Herr Doktor, der Zufall, daß ich Sie neulich in der Bibliothèque Nationale an mir vorbeigehen sah, hat einen tiefen Eindruck auf mich gemacht. Wäre ich nicht so verdutzt gewesen, so hätte ich Sie, vielleicht, sofort angesprochen. Es ist aber wohl besser so. – Vieles ist geschehen, was mir erlaubt, vieles zu vergessen. So wie mir Ihr Geist in Ihrem Buch über das Trauerspiel oder Ihrer Arbeit über die Wahlverwandtschaften vor Augen steht, möchte ich sehr gerne gerade jetzt mit Ihnen sprechen. Ich denke, dies wäre ein Versuch – um des Geistes willen – der weder Sie noch mich bände.

EDME PIGAL: DAS SÜSSE STUDIUM.
KOLORIERTE LITHOGRAPHIE.
PARIS, UM 1860. SAMMLUNG
HANS PUTTNIES, FRANKFURT A.M.

So wie diese Wiederbegegnung ihn tiefer in seine eigentlichen Themen führen sollte, so wurde auch ein anderes zufälliges Treffen mit einem flüchtigen Bekannten der Berliner Zeit für ihn fruchtbar. Damals hatte er beim Tee mit Christopher Isherwood nicht nur dessen »Cabaret«-Heroine, sondern auch den jungen Edouard Roditi kennengelernt. Nun trat er in Roditi einem Kenner der Pariser Passagen gegenüber, und so war es ausgemacht, daß der fünfundzwanzigjährige Poet sein charmanter Baedeker wurde.

Als ich Jean Ross, das lebende Vorbild für Sally Bowles in dem Roman von Christopher Isherwood, 1930 oder 31 in Berlin kennenlernte, war sie ein lebhaftes, englisches Mädchen, das fließend Französisch sprach und außerdem schon ganz passabel Deutsch gelernt hatte. Da sie einen Großteil ihrer Kindheit und Jugend im britisch besetzten Ägypten verbracht hatte, wo ihr Vater stationiert war, zeigte sie nichts von der ganz eigenen, provinziellen englischen Inselmentalität,

SEHR VEREHRTER HERR
Werner Kraft, Brief an Walter Benjamin
aus Paris vom 12. Dezember 1933.
Akademie der Künste, Berlin.

ALS ICH JEAN ROSS
Edouard Roditi, »Meetings with Walter
Benjamin«, Partisan Review, Bd. 53, Nr. 2
(1986), S. 263 – 267. Aus dem Englischen.

die Christopher charakterisierte. Der hielt ihre größere Weltgewandtheit und Gelassenheit im Umgang mit Ausländern für moralische Laxheit und sexuelle Promiskuität, wie er sie ihr in seiner Fiktion zugeordnet zu haben scheint.

Jean schaffte es, sich ihren Lebensunterhalt durch eine Reihe von Gelegenheitsjobs zu verdienen, von denen Privatunterricht in englischer Konversation der wichtigste war; und auf diese Art hatte sie, schon bevor wir sie kennenlernten, einige deutsche Freunde aus den verschiedensten Lebensbereichen gefunden. Eine dieser Freundinnen war ein ziemlich hübsches, gradliniges und unabhängiges deutsches Mädchen, das gelegentlich als freischaffende Sekretärin für mehrere deutsche Journalisten und andere Schriftsteller arbeitete, unter anderem für Walter Benjamin.

Er interessierte sich besonders für das schriftstellerische Werk Marcel Prousts und erwog sogar, eine deutsche Übersetzung von »A la Recherche du Temps perdu« zu machen. Im Verlauf eines meiner Gespräche mit Jean und diesem Mädchen erwähnte ich mein Interesse an Proust und sie beschlossen, daß meine Kenntnis des Französischen und von Prousts Werk und sozialem Umfeld für Benjamin von Interesse sein könnten. Und so kam es, daß einige Tage später dieses Mädchen mit Walter Benjamin bei Jean auftauchte, als ich mit Christopher da war.

Sein ganzes literarisches Leben hindurch drückte Chirstopher immer wieder seine Abneigung gegen die Schriften Prousts aus, und offensichtlich langweilte er sich die ganze Zeit, während Benjamin mich ausführlich über Details in Prousts sozialer Umgebung und über seine persönlichen Gewohnheiten befragte. Christopher unterhielt sich auf Englisch mit Jean oder zappelte und wand sich in seinem Stuhl.

Jedenfalls waren Benjamins Erscheinung und Persönlichkeit recht farblos und reizlos, eigentlich wie die eines etwas konventionellen und pedantischen deutsch-jüdischen Akademikers. Nach diesem Treffen erklärte Christopher uns sogar, daß Benjamin ein freudloser und deprimierender Langweiler sei, und so gesehen ist es bezeichnend, daß Benjamin ihn nicht genügend beeindruckte, um als fiktionaler Charakter in irgendeiner der Geschichten wieder aufzutauchen, die auf Christophers eigenem Leben in Berlin basieren. [...] Benjamin hatte nun meinem Freund Léon Pierre-Quint geschrieben, dem Autor des ersten kritischen Werkes über Proust, das auf Französisch geschrieben war. Benjamin war immer noch an Prousts Leben und schriftstellerischem Werk interessiert und so wollte er gerne Léon treffen und ihn – als Experten auf diesem Gebiet – befragen, obwohl er gezwungen war, sein Projekt der Proust-Übersetzung aufzugeben. Denn als Jude würde er nun keine Erlaubnis mehr bekommen, in Nazi-Deutschland zu veröffentlichen, noch dazu Proust, einen halb-jüdischen Autoren.

Léon bat mich, bei dem Treffen in seinem Haus dabei zu sein, um, falls nötig, als Übersetzer zur Verfügung zu stehen [...]. Mir sprang der Kontrast zwischen Léons leicht dandyhafter Art und Kleidung und Benjamins nachlässiger und fader Erscheinung in die Augen. Obwohl sie beide eine ähnlich blasse Hautfarbe hatten, war Benjamins Aussehen das eines abgehärmten Mannes, der seine Tage in staubigen Büchereien mit schmutziger Luft verbringt und der viel zu selten an die frische Luft und in die Sonne kommt. Auch Léon war dem Wetter nicht mehr ausgesetzt, aber so, wie er nervös sein Monokel an der schwarzen Seidenschnur pendeln ließ, war er offensichtlich mit den besten und teuersten Rasiercremes und Toilettenwässern aufgewachsen.

NEURDEIN: DAS DEKOR VON PARIS – DER LÖWE VOM PONT ALEXANDRE III. POSTKARTE. UM 1907. SAMMLUNG HANS PUTTNIES. FRANKFURT A.M.

Im Laufe unserer Unterhaltung erwähnte Benjamin, daß er jetzt in Paris an einem anderen Projekt arbeite. Er erklärte uns, daß dieses Projekt ausführliche Forschung von ihm verlange, was die ökonomische und demographische Expansion der französischen Hauptstadt anbetraf. Benjamin drückte uns auch sein großes Interesse an anderen Erscheinungen von Paris im 19ten Jahrhundert aus, so wie die zahlreichen Gehwege mit Arkaden und Passagen, die es Bürgern und ausländischen Touristen ermöglichten, auch an Regentagen angenehme Schaufensterbummel zu machen.

An dieser Stelle unterbrach ich Benjamin, um darauf hinzuweisen, daß die Idee solcher Arkadengänge und glasbedachter Passagen, auch ähnlich zur Londoner Burlington Arkade und Piccadilly Arkade, natürlich von den überdachten Basaren herkommt, die Napoleon in Ägypten und Syrien gesehen hatte, und die schon Reisende des 18ten Jahrhunderts früher bewundert hatten in Konstantinopel, Aleppo, Isfahan oder sonstwo im Orient. Und endlich seien alle überdachten Basare der Islamischen Welt abgeleitet von denen des Römischen Reiches und Byzanz.

Edouard Fournier, ein Historiker des 19ten Jahrhunderts, der sich mit der Architekturgeschichte von Paris beschäftigte, wies 1853 in »Paris Démoil: Mosaïque de Ruines« darauf hin, daß bis 1827 insgesamt 144 solcher glasüberdachter Passagen oder Arkaden im Zentrum von Paris gebaut worden waren. Heute sind die meisten von ihnen, als Resultat von späteren Grundbesitz-Entwicklungen, abgerissen worden. Die erste von ihnen, die in Paris erschien, wurde nach Napoleons Rückkehr von seinem Ägypten-Feldzug gebaut und passenderweise »Passage du Caire« genannt.

Zu der Zeit, als ich Benjamin in Paris traf, schrieb ich zufällig gerade gemeinsam mit meinem Freund Ostier ein Buch mit dem Titel »Le Tour de Paris en Quatre-vingt Jours«, das dazu verurteilt war, nie zu erscheinen. Es beschrieb viele wenig bekannte oder vergessene Aspekte der Stadt, schloß oft Details ihrer Geschichte ein und wir hatten schon eine Menge Material über die Geschichte einiger dieser Passagen in den älteren Ecken im Zentrum von Paris. Ich erwähnte nun unser Projekt Benjamin gegenüber, und er äußerte Interesse daran, so daß wir übereinkamen, uns einige Tage später wieder zu treffen, wenn ich frei hätte und einen Samstag-Nachmittag lang sein Führer in den älteren Gegenden sein könnte, wo zwischen Palais Royal, den sogenannten Grands Boulevards und dem Boulevard de

HANS PUTTNIES: PASSAGE DU
CAIRE. PARIS, 1972.

Sébastopol und dem Boulevard de Strasbourg, eine Anzahl der mehr
pittoresken Passagen überlebt hatte. Unglücklicherweise waren die
Geschäfte, die mittlerweile viele von ihnen von beiden Seiten umga-
ben, nicht mehr so elegant und wohlhabend wie in den Tagen von
Balzac, Nerval, Heine und Baudelaire. Einige Jahre später beschrieb
Louis-Ferdinand Céline in »Mort à Credit«, seinem zweiten, veröf-
fentlichten Roman, ganz ausführlich die verzweifelte Stagnation des
Handels in einer der heruntergekommensten dieser Passagen aus dem
19ten Jahrhundert im Zentrum von Paris.

    Als wir uns wiedertrafen, machte Benjamin im Verlauf unseres
nachmittäglichen Ausflugs ausführliche Notizen und drückte sein
Erstaunen über die Anzahl derartiger Passagen oder Arkaden aus, die
ich ihm zeigen konnte. Er erinnerte mich daran, daß seine eigene
Geburtstadt Berlin sich nur einer von ihnen rühmen konnte, die von
»Unter den Linden« wegführte. Es amüsierte ihn, als ich ihm sagte,
daß ich mich an zwei der Pächter auf diesem Gelände erinnern konnte:
Gorodetzky, was bis 1934 das bekannteste koschere Restaurant von
Berlin war, und Hofmaler Fischer, der vormals der offizielle Portrait-

CHARLES MARVILLE: RUE TRAVER-
SINE. PARIS, UM 1860. BIBLIOTHE-
QUE HISTORIQUE DE LA VILLE DE
PARIS

maler der kaiserlichen Familie der Hohenzollern und des Hofes war, und in dessen Fenster immer die allerschrecklichsten konventionellen und geschmacklosen Gesellschafts-Portraits ausgestellt waren.

[...] Wir gingen am Eingang des Hotel du Saumon vorbei, wo Proust vielleicht verkehrte, und auch an Albert Le Cuziats bekannterem Hotel Mariguy, einem der Vorbilder für Jupiens »Temple de l'Impudeur«. Säid, der dieses Etablissement als homosexuelles Bordell betrieb, stand im Eingang. Er erkannte mich bestimmt, da ich ihn erst vor kurzem interviewt und ihm ein Photo von Proust gezeigt hatte, in dem fruchtlosen Versuch, herauszufinden, ob er sich daran erinnern könne, Proust jemals bei sich als Kunden gesehen zu haben. Aber seinen Diskretions-Prinzipien treu, die im Gegensatz zu Alberts geschwätziger Klatschsucht standen, ließ Säid sich überhaupt nicht anmerken, daß er mich kannte, und grüßte auch nicht. Irgendwie prüde, unterließ ich es, auch Benjamin darauf hinzuweisen, daß Säids Etablissement gut eines von jenen gewesen sein könnte, die Proust besuchte und auf das einige Details der fiktionalen Ausstattung des Hotels in »Le Temp Retrouvé« zutrafen. Dort spielte Jupien dem Baron de Charlus einen jungen männlichen Prostituierten zu, von dem verlangt wurde, Charlus heftig zu züchtigen und Verbrechen zu gestehen, wie z.B. das Niederstechen einer Concierge, für die er sich als einfacher Junge aus der Arbeiterklasse schon in Gedanken schämen würde.

Diese Expedition sollte mein letztes Treffen mit Benjamin sein. Es ist möglich, daß er mich für weitere und weniger faktisch informative Diskussionen zu frivol oder intellektuell noch zu unreif fand.

ETIENNE CARJAT: CHARLES
BAUDELAIRE. PARIS, UM 1862.
SAMMLUNG HANS PUTTNIES,
FRANKFURT A. M.

Adorno hatte schon in Deutschland versucht, Benjamin an die Töpfe des Instituts und seiner Zeitschrift heranzuführen. Damals scheiterte er an der Domänenverwaltung Leo Löwenthals – mitmachen wollte der nie – und so mußte er warten, bis er mit Horkheimer die Leitung des philosophischen Besprechungsteils übernahm. Die Schwierigkeiten mit Raymond Aron vom Pariser Büro, die Horkheimer im folgenden Brief auf sich zukommen sieht, waren dagegen eine quantité négligeable.

Die aktivere Mitarbeit Benjamins im Pariser Büro ist mir durchaus willkommen. Ich habe jedoch zwei Bedenken. Erstens glaube ich, daß er als geistige Kraft doch nur dann wirksam werden kann, wenn man ihm bestimmte Kompetenzen erteilt, die erst besprochen sein müssen. Ich weiß jedoch nicht, ob es gut ist, die damit zusammenhängenden Fragen im einzelnen anzuschneiden, bevor wir in persönlicher Aussprache mit Ihnen die künftige Organisation der europäischen Arbeit erörtert und neu festgelegt haben. Zweitens haben Sie offenbar Aron

DIE AKTIVERE MITARBEIT
Max Horkheimer, Brief an Theodor
Wiesengrund aus New York vom 22. Oktober 1936. Horkheimer-Archiv, Stadt- und
Universitätsbibliothek Frankfurt a. M.

von seiner günstigsten Seite kennengelernt. Ich bin mir nicht [...] klar über ihn. Sein Buch, das er freilich vor der Bekanntschaft mit uns abgefaßt hat, ist recht problematisch, und ich weiß nicht, ob Ihre Charakteristik Etiembles nicht auch auf Aron zutrifft. Jedenfalls bedürfte eine aktivere Mitwirkung Benjamins an den täglichen Institutsarbeiten meiner Ansicht nach einer recht diplomatischen Einführung. Daran, daß Aron recht empfindlich ist, besteht jedenfalls kein Zweifel. Dies alles soll aber nicht heißen, daß ich mit Ihnen über die Aufgabe, Benjamin noch enger als bisher mit der Institutsarbeit zu verbinden, nicht übereinstimmte.

Unter den Antworten auf die Hilferufe, die Benjamin in sehr eleganten Briefen verschickte, fällt die Stimme von Erich Auerbach auf. Damals, 1935, lehrte er erstaunlicherweise noch Romanistik in Marburg. Er sollte zwei Jahre später Leo Spitzers Lehrstuhl in Istanbul einnehmen und nach dem Krieg einen größeren Einfluß in Yale gewinnen.

Ihren Brief fanden wir gestern bei unserer Ankunft vor – auch ich bedaure es sehr, daß wir Ihr Kindheitsbuch, das ja auch das unsere ist, nicht als ein Ganzes zu Gesicht bekommen – ich hoffe sehr, daß das doch noch eines Tages glückt. Was das Pariser Buch betrifft, so weiß ich längst davon – einst sollte es »Pariser Passagen« heißen. Das wird ein Dokument werden, wenn es nur noch Menschen gibt, die Dokumente lesen.

Ja, Marburg: ich müßte unendliche Anekdoten erzählen, aber schreiben lassen sie sich nicht, und zwar keineswegs nur aus äußeren Gründen. Im Ganzen bedürfte es keiner großen Weisheit (ich hab übrigens noch den ererbten Folianten), sondern nur einiger Gelassen-

IHREN BRIEF FANDEN WIR
Erich Auerbach, Brief an Walter Benjamin
aus Florenz vom 6. Oktober 1935. In:
Karlheinz Barck, »5 Briefe Erich Auerbachs
an Walter Benjamin in Paris«, Zeitschrift
für Germanistik, H. 6 (1988), S. 690.

heit, die oft nicht leicht war. Im übrigen aber war es mehr Torheit als Weisheit. Ich lebe dort zwischen lauter Menschen, die nicht unserer Herkunft sind, ganz andere Voraussetzungen haben – und alle so denken wie ich. Das ist schön, aber verführt zur Torheit: es verführt zu dem Glauben, daß das etwas sei, worauf man bauen könne – während es doch auf die Meinungen des einzelnen, und wären es noch so viele, gar nicht ankommt. Erst diese Reise hat mich von dem Irrtum befreit.

Schließlich das Praktische: von unmittelbarer Hilfe kann, weder von hier noch von Marburg aus, die Rede sein, denn die äußerst begrenzten Möglichkeiten dazu sind bereits von sehr vielen Stellen, darunter meinen beiden Schwägerinnen, ganz in Anspruch genom-

WALTER BENJAMIN: ADRESSEN IN PARIS. AUS EINEM NOTIZBUCH DER EXILJAHRE. AKADEMIE DER KÜNSTE, BERLIN

men. Freunde in Paris habe ich genug – meine früheren Vortragsgäste in Marburg – darunter Fernandez, Malraux, Guéhenno, Chamson – aber wie können sie Ihnen helfen? Durch eine Tätigkeit? Soll ich einem von Ihnen schreiben? Ich habe mit der Hilfsbereitschaft von Franzosen keine guten Erfahrungen gemacht – aber wenn Sie meinen, schreibe ich gern. Teilen Sie mir das bitte, abgekürzt und mit Initialunterschrift nach Marburg mit, wohin ich in einigen Tagen zurückkehre.

Zunächst habe ich einer jungen Schweizerin, Dr. Hilde Binswanger, Tochter des Kreuzlinger Neurologen, die demnächst nach Paris fährt, geschrieben, sie möge nach Ihnen sehen und tun, was möglich ist. Sie ist sehr nett, und ich (meine Frau vor allem) habe alte Beziehungen zu ihrer Familie. Dort ergäbe sich für mich wohl auch die Möglichkeit, zunächst in deutscher Währung zu verrechnen. Entschuldigen Sie bitte die radikale Sachlichkeit dieser Zeilen, sie entspringt der Gesinnung, die Sie selbst in Ihrem Briefe als Unbefangenheit äußern.

Zu den wenigen Wertobjekten, die Benjamin in Paris noch besaß, gehörte Paul Klees »Angelus Novus«, und der einzige Besucher, mit dem sich über einen Verkauf spekulieren ließ, war der junge Kunstsammler Ernst Morgenroth, der in den Exilzeitungen unter dem Namen Stephan Lackner schrieb. Als es ihm einmal gelang, etwas von Max Beckmann in den Staaten zu verkaufen – er war mit dem Maler befreundet und veröffentlichte später mehrere Monografien über ihn – hoffte Benjamin, durch ihn auch sein Klee-Blatt zu Geld machen zu können.

Wir sahen uns damals häufig. Er war vom 14. ins 15. Arrondissement, 10 rue Dombasle, übersiedelt. Das neue, ziemlich geräumige Zimmer war genau wie das vorige mit Papierstößen, Büchern, Zeitschriften überfüllt, und an der Wand hing wieder das hypnotisch bezaubernde Bild von Paul Klee »Angelus Novus«, Benjamins liebster Besitz. Wir

WIR SAHEN UNS
Stephan Lackner, »Von einer langen, schwierigen Irrfahrt.‹ Aus unveröffentlichten Briefen Walter Benjamins.« Neue Deutsche Hefte, Jg. 26, Heft 1 (1979), S. 54 – 56.

mochten einander gut leiden. Ich war achtzehn Jahre jünger als er, ich nahm seine Äußerungen mit achtungsvoller Aufmerksamkeit auf und notierte mir ab und zu ein besonders markantes Diktum. Wir fühlten uns einfach wohl, wenn wir im gleichen Raum zusammensaßen. Falls gelegentlich eine erbitterte Diskussion aufflackerte, genügte ein Augenzwinkern, daß wir uns wieder vertrugen.

Er hatte nichts Bohèmehaftes an sich. Um jene Zeit hatte er ein leicht vorstehendes Bäuchlein. Er trug meistens eine alte, bürgerlich zugeschnittene, halbwegs sportliche Tweedjacke, ein dunkles oder farbiges Hemd, graue Flanellhosen. Ich habe ihn wohl nie ohne Krawatte gesehen. Sein Stolz war es, mich in die Geheimnisse der Bibliothèque Nationale einzuführen. So zeigte er mir auch »l'enfer«, die sogenannte Hölle, wo als pornographisch angesehene Bücher unter Verschluß gehalten und nur wohllegitimierten Gelehrten vorgelegt wurden. Mit unschuldigem Blinzeln wies er eines Tages auf ein unscheinbares Haus neben der Bibliothek hin, in dessen Eingang gerade ein dürrer, graubärtiger Herr mit hohem Stehkragen verschwand. »Dies ist das Spezialbordell für die Habitués der Bibliothèque Nationale«, behauptete er. Wir besichtigten es nicht. [...]

Oft lud ich Benjamin zum Essen ein, die Brasserie »Lipp« und die »Alsacienne« schätzte er besonders; er liebte Sauerkraut. Manchmal zog er dann einen Artikel aus der Tasche, gab ihn mir zu lesen und diskutierte ausführlich über Inhalt und Nebenbedeutungen. Am liebsten las er in meiner oder seiner Wohnung vor, er war ein guter Vortragender, genau artikulierend, nachdenklich, eine wenig monoton. Manchmal hatte er einen eulenhaft tiefsinnigen Ausdruck hinter seinen runden Brillengläsern, und man wußte eine Zeit lang nicht, ob er sich über das mokierte, was er gerade verlautbarte.

Das einzige eigene Buch, das Benjamin noch erscheinen sah, war die Anthologie »Deutsche Menschen«, die auf einzelne Brieffunde aus der Zeit zurückging, als er noch unter dem Strich in der »Frankfurter Zeitung« schreiben durfte. Bruno Frank hatte die Sammlung dem schweizer Verleger Brody ans Herz gelegt, und so kam – da das Buch auch damals nicht wie ein Bestseller aussah – Hermann Broch in die Pflicht, einen Rat zu geben.

PAUL KLEE: ANGELUS NOVUS. LAVIERTE FEDERZEICHNUNG. 1920. ISRAEL MUSEUM, JERUSALEM

Wer ist Walter Benjamin? helfen Sie meinem Gedächtnis, in dem sich dieser Name als Irgendwie befindet und das sich dieserhalb abquält. Aber die alten Briefe in der Frankfurter habe ich zum Teil gelesen, und von diesem Teil war ein großer Teil sehr schön. Offenbar denkt Frank bei der Herausgabe an den buchhändlerischen Erfolg der »Liebe Mutter«. Ich zweifle allerdings, ob sich ein solcher wieder einstellt, – es war ja, so viel ich weiß, auch schon das Pendant »Lieber Vater« eine Niete. Aber vielleicht wirkt ein besonderer Titel, etwa »Briefe aus einer Zeit, in der man noch deutsch schreiben konnte.« Denn einige dieser Briefe sind in einem ganz vorzüglichen Deutsch, z. B. der des Kantbruders. Und außerdem könnte man gerade bei dieser Sache einmal den Versuch der ganz billigen Ausgabe machen, Zeitungspa-

WER IST WALTER BENJAMIN?
Hermann Broch, Brief an Daniel Brody aus Wien vom 18. März 1936. In: Hermann Broch und Daniel Brody, Briefwechsel 1930–1951, hrsg. von Bertold Hack und Marietta Kleiss. Börsenblatt für den deutschen Buchhandel, Frankfurter Ausgabe, Nr. 15 (23. Februar 1971), S. 184.

pier, Zeitungsdruck, weicher Umschlag mit schwarzem Aufdruck, geradezu affektiert auf billig hergerichtet. (Vorläufer einer Schlafwandler-Volksausgabe). Das Risiko wäre klein, der Versuch nicht uninteressant.

Ernst Blochs Reaktion auf »Deutsche Menschen« legt den Finger zu recht auf die Würde ohne Sold, die Benjamin nur erzielen konnte. Herzlichen Dank für das Briefbuch. Ich hatte es hier schon bei Bekannten gesehen, mich auch des Eindrucks vergewissert, den es machte. Die leise Stimme dieser Vornehmheit wird nicht überhört, wenn auch nicht sogleich verstanden. Hätten Sie gegen einen Hinweis in Thomas Manns neuer Zeitschrift einen Einwand? Der Hinweis selbstverständlich nicht von mir, sondern von einem unverdächtigen, übrigens reinlichen Mann. Ich denke etwa an Křenek. Was nun Würde mit Sold angeht (mit: ach wie wenig), so glaube ich, daß Ihnen fortlaufende »Briefe aus Paris« die bequemste Form wären. Natürlich bin ich

CHIPAULT: DER PAVILLON DER SOWJETUNION AUF DER WELTAUS-STELLUNG. PARIS, 1937. POST-KARTE. SAMMLUNG HANS PUTT-NIES, FRANKFURT A. M.

HERZLICHEN DANK
Ernst Bloch, Brief an Walter Benjamin aus Prag vom 26. April 1937. Ernst Bloch, Briefe 1903–1975, hrsg. von Karola Bloch u. a.. Zweiter Band. Frankfurt a. M. 1985, S. 667 f.

nicht Herausgeber der Weltbühne und kann über den Sold nicht entscheiden. Aber Budzislawski hört auf mich und hat vor allem den Ehrgeiz nach Höhe. Die Höhe darf sogar schwierig sein (vgl. meinen Aufsatz im nächsten Mittwoch-Heft: »Das Irrationale und die Propaganda«), sie darf nur nicht allzu entlegen sein, d.h. außerhalb der Volksfront-Tendenz und außerhalb der Erweiterungs-Tendenz des 7. Weltkongresses. Alles, was Sie ins »Wort« schreiben könnten, kommt auch in der Weltbühne zurecht (mit selbstverständlich kleinerem Umfang). Wie gesagt: ich kann mir fortlaufende »Briefe aus Paris« sehr lebhaft vorstellen; es wäre das ein Monopolartikel. — Was sagen Sie zu Kracauers Buch? (Ich kann mir denken, was Wiesengrund sagt, besonders wenn er Kr. Ausführungen zu den Contes d'Hoffmann liest).

Nur wenige Menschen, die in Paris häufig mit Benjamin zusammenkamen, haben sich nach dem Krieg so ausführlich an die gemeinsamen Gespräche erinnert wie der Romancier Soma Morgenstern. Der Grund liegt vielleicht in dem Redefluß, aus dem er gewöhnlich schrieb. Nichts verdichtet sich bei ihm wirklich zur Sentenz, und man spürt, daß er durch die lange Schule des Wiener Korrespondenten-Postens der »Frankfurter Zeitung« gegangen war. Dennoch: der Freund und Trinkgenosse Roths in der Rue de Tournon trägt so beiläufige Schnappschüsse aus Benjamins Pariser und Marseiller Tagen bei, daß man ihm einige davon einfach glauben muß.

In Paris kam ich oft in seine Wohnung, und er kam oft in das Bistro des Hotels, wo ich mit Joseph Roth wohnte. Natürlich redeten wir immer über Politik, natürlich nicht mit Roth zusammen. Denn Roth schätzte solche gebildeten Intellektuellen wie Walter Benjamin nicht sehr, und W.B. vertrug sich nicht so gut mit Monarchisten, wenn auch nicht so schlecht wie z.B. Ernst Bloch. Ihnen brauche ich nicht zu sagen, daß normalerweise Walter Benjamin viel mehr interessiert

IN PARIS KAM ICH
Soma Morgenstern, Brief an Gershom
Scholem vom 21. 12. 1972. Nachlaß
Scholem.

war, mit mir über Literatur zu sprechen als über Politik. Er richtete es also so ein, daß ich öfter zu ihm in die Wohnung kam als er zu mir in das Bistro. Verglichen mit mir war er in Paris geradezu ein Ansässiger, indes ich ein frischgebackener Flüchtling aus Wien war. Ich hatte also viel Praktisches von ihm zu lernen, und es interessierte ihn bei weitem mehr, mit mir über Leskow zu sprechen als über Stalin oder Göbbels. Bis zu dem schwarzen Tag, da die Nachricht einbrach über den Hitler-Stalin-Pakt. [...]

Die Nachricht von dem Pakt versetzte ihm persönlich einen unheilbaren Stoß. Er rief mich nicht gleich an. Es dauerte eine Woche, bis er zu mir kam, um mit mir darüber zu sprechen. Wir gingen in den Jardin du Luxembourg (ich wohnte nur ein paar Schritte davon entfernt) und setzten uns auf eine Bank. Benjamin sah schlecht aus. Er hatte wahrscheinlich diese Woche keine Nacht ohne Schlafmittel verbracht. Als sein intimster Freund wissen Sie sicherlich, daß er ein großer Kenner von Rauschgiften war. Vielleicht hat er eines in dieser Woche benützt. Im Gegensatz zu den meisten Kommunisten – und ich kannte viele, und mit einigen war ich sogar befreundet – die vom Fleck weg Stalin verteidigten oder gar der Ansicht waren, daß der schlaue Georgier Hitler hereingelegt hat, um noch ein paar Jahre für weitere Kriegsrüstung zu gewinnen, glaubte Benjamin, daß die kommunistische Idee zuschanden gekommen war und sich nicht bald erholen wird. Mehrmals wiederholte er in Trauer: »Warum sollten wir es auch verdient haben, daß unsere Generation die Lösung der wichtigsten Fragen der Menschheit erleben sollte.« Daß ich kein Marxist war, war ihm bekannt. Daß er ein Kommunist war, war mir bekannt. Aber in diesem Moment hat es mich befremdet, daß ein kluger Mann wie W.B. so denken und fühlen konnte. »Haben Sie im

ANONYM: SOMA MORGENSTERN.
EXILSAMMLUNG DER DEUTSCHEN
BIBLIOTHEK, FRANKFURT A.M.

Ernst geglaubt, daß der Bolschewismus uns die Welt erlösen wird?«
fragte ich. Er gab mir keine Antwort darauf. Aber im weiteren Verlauf
des Gesprächs stellte sich heraus, daß diese Tat Stalins ihm den Glauben an den Historischen Materialismus genommen hatte. Ich nehme
an, daß er schon in jener Woche den Plan zu seinen Thesen gefaßt hat,
die er später aufgeschrieben hat, und die nichts anderes bedeuten als
eine Revision des Historischen Materialismus. [...]

Als er mir wieder damit kam, daß dieser Pakt den Glauben an die
Heilung der Welt durch den Marxismus-Leninismus zerstörte, fragte
ich ihn, ob es ihm je aufgefallen ist, daß dieser sein Glaube mit dem
jüdischen Glauben an die Erlösung der Welt durch den Messias eine
Verwandtschaft habe. »Sie können weiter gehn,« sagte er, ironisch
natürlich, »und behaupten, daß Karl Marx und der ganze Sozialismus
des 19. Jahrhunderts nur eine andere Form des messianischen Glau-
bens waren.« Ich antwortete ihm, daß ich das nicht behaupten kann,
weil das schon ein ganz anderer Mann behauptet und geschrieben
hat. Und das war nicht einmal ein Jude, sondern der Franzose Ernst
Renan. »Wo?« fragte er, »in seinem Buch über Jesus?« – »Nein,«

ALEXANDRE: »MUSS DER MENSCH
DIE FRÜCHTE EINES JAHRHUN-
DERTS NIEDERMÄHEN, UM SICH
AUS DER KRISE ZU BEFREIEN?«.
FOTOMONTAGE AUS: VU, 1. MÄRZ
1933, S. 278

sagte ich, »das ist das geringste und harmloseste Buch von Renan.
Aber dieser Franzose hat auch eine fünfbändige Geschichte der Juden
geschrieben, und dort behauptet er es. Er spricht nicht von Karl
Marx, aber vom ganzen Sozialismus des 19. Jahrhunderts.« Es stellte
sich heraus, daß Benjamin, der die französische Literatur bei weitem
gründlicher kannte als ich, just dieses Buch von Renan überhaupt
nicht gelesen hatte. [...]
   Die Vorstellung, »sich nach New York zu retten und dort im 20.
oder 30. Stockwerk eines Wolkenkratzers ein neues Leben zu beginnen«, war ein Refrain in den letzten Wochen seines Lebens, mit dem
er auch mich oft genug bitterlich tröstete, wenn die Chancen, von
Marseille zu entkommen, immer geringer zu sein schienen. Die Angst,

den Nazis ausgeliefert zu werden, hat ja schon im Jahre 1938 begonnen. Ein paar Tage nach München gingen wir im Jardin du Luxembourg spazieren und besprachen die Folgen von Chamberlains »Peace in our Time«. Am Ausgang begegneten wir dem ungarischen Politiker und Schriftsteller Ludwig von Hátvany, mit dem ich seit Jahren befreundet war. Noch ehe ich Zeit hatte, Benjamin vorzustellen, fragte mich Hátvany: »Was wird hier jetzt kommen?« Darauf antwortete ich, ohne lange nachzudenken:»Hier werden bald direkte Züge Paris-Dachau gehn.« Ludwig Hátvany, der ein solventer ungarischer Baron war und sich oft gerühmt hat, ein »feiger Jud'« zu sein, sah mich kopfschüttelnd an und sagte: »Ich werde schon morgen nach London fahren. Kommen Sie mit! Ich lade Sie ein.« – »Ich würde schon heute mit Ihnen mitfahren,« sagte ich, »aber ich bin ja hier ein Ex-Autrichien, und mein Paß ist nicht mehr gültig. Ich komme von hier nicht weg, es sei denn, ich krieg ein amerikanisches Einwanderungsvisum, das ja schon einen Paß ersetzen kann.« Als der Baron (der tatsächlich am nächsten Tag nach London abreiste) gegangen war, fragte mich Benjamin: »Glauben Sie wirklich, daß es so schlimm werden wird?« – »Für Sie vielleicht nicht,« sagte ich ihm, »Sie haben gute französische Freunde hier. Sie können gut französisch. Sie werden hier durchkommen. Aber ich nicht.« Nach zwei Jahren in Marseille erinnerte mich W.B. oft an diese Begegnung mit Hátvany und meinte, daß nur die Hälfte meiner Prophezeiung wahr geworden sei. [...]

Er hatte sich einen Bart wachsen lassen, hatte einen schwarzen Hut auf und sah wie ein Geistlicher aus. Sein erstes Wort war: »Auf der Straße sprechen wir nur französisch.« Das fiel mir auf. Denn es war auf der Cannebière, vielleicht der lärmendsten Straße der Welt, wo

GIESELE FREUND: WALTER BENJA-
MIN ALS BENUTZER DES KATALOGS
DER BIBLIOTHEQUE NATIONALE.
AUS EINER FOTOREPORTAGE ÜBER
DIE BIBLIOTHEKEN VON PARIS.
1937.

»Lieber Freund, wie wäre es, wenn Sie am nächsten Sonntag, 18.
Dezember, zu uns zum Essen kämen? Wir freuen uns darauf, Sie
zu sehen. Und auch Ihre Fotos erwarten Sie. Ganz herzlich,
Ihre Freundin Gisèle.
PS: Viertel vor Acht!«
Gisèle Freund: Brief an Walter Benjamin vom 12. Dezember
1938. Akademie der Künste, Berlin. Aus dem Französischen.

man damals so viel deutsch hören konnte, als wäre man noch in einem Lager. Ich hatte ihm mehr zu erzählen als er mir, denn ich war einer der wenigen in Marseille, der aus dem französischen Lager in Finisterre geflüchtet war, als es schon drei Tage in den Händen der Deutschen war. Es war noch Krieg, und alle wollten wissen, wie die deutschen Soldaten uns behandelt haben. Später erzählte er mir seine Abenteuer. Und was mir auffiel war seine bittere Enttäuschung, die er durch seine französischen Freunde erlebt hatte. [...]

Bei der zweiten Begegnung fragte er mich, ob ich ihn von der Ferne schon erkannt hatte. Ich hatte ihn erkannt, und zwar an seinem Gang. Das wunderte ihn, und er fragte mich, ob er sich wieder glatt-rasieren sollte. Da er schon selbst daran dachte, riet ich ihm, es zu tun und machte ihn darauf aufmerksam, daß die Gestapo in Marseille uns nicht auf den Straßen suchen wird, sondern mit Hilfe der französischen Polizei uns leicht finden wird, mit und ohne Bart. Er gestand mir darauf, daß er sich den Bart nicht gegen die Gestapo, sondern gegen seine französischen Freunde habe wachsen lassen. In Marseille gingen wir eines Tages zusammen zur Préfecture, um wieder einmal zur Kenntnis zu nehmen, daß unsere Hoffnung auf ein Ausreisevisum vergeblich war. Auf dem Weg, vor einem Café, saß unser Freund S. Kracauer, eifrig schreibend.

Wir begrüßten ihn und – was war das ständige Thema in Marseille? Visa. Spanisches Visum. Portugiesisches Visum, Ausreisevisum. Jeder von uns hatte schon das und jenes, und zwar mehrmals gehabt. Aber eins überlebte das andere, alles in Erwartung eines französischen Ausreisevisums, das nicht kam. Kracauer war gerade das portugiesische Visum ausgegangen, mir das spanische. Ehe wir weitergingen, fragte ich Kracauer: »Was wird aus uns werden, Krac?« Darauf er,

ohne lange nachzudenken, erstaunlich schnell und apodiktisch:
»Soma, wir werden uns alle hier umbringen müssen.« Und um zu
zeigen, daß er noch Wichtigeres zu tun hatte, wandte er sich wieder zu
seinen Papieren und schrieb schnell weiter. Vor dem Eingang zur
Préfecture blieb W.B. stehn und sagte: »Was mit uns geschehn wird,
ist nicht so leicht vorauszusehen. Aber eins weiß ich sicher: wer sich
sicherlich nicht umbringen wird, ist unser Freund Kracauer. Er muß
ja noch seine Encyclopaedie des Films zu Ende schreiben. Und dazu
gehört ein langes Leben.« [...]

Eines linden Tages, wie sie in Marseille eine Seltenheit sind im
Sommer, lud er mich zu einem Mittagessen ein. Das soll Sie nicht in

ANONYM: SIEGFRIED KRACAUER.
1934. DEUTSCHES LITERATUR-
ARCHIV, MARBACH A.N.

Erstaunen versetzen. Denn in Marseille stand damals der Dollar
1:100, und ein Mittagessen für Zwei, auch in dem schönen Gasthaus,
in das er mich führte, kostete nicht mehr als 30 Francs. Das Gasthaus
stand im Vieux Port und war ihm aus alten Friedenszeiten gut
bekannt. Kaum hatten wir das Menu durchstudiert und auch was
zum Trinken bestellt, blickte mich Walter Benjamin ein paarmal mit
durchdringender Brille an, als erwarte er von mir eine passende und
unerläßliche Bemerkung, die schon längst fällig war. Ich lobte die
Lage des Gasthauses. Aber das war ihm nicht genug. Ich ließ etwas
über die Aussicht auf den Hafen fallen. Auch nicht genug. Er hielt es
nicht länger aus und, schon nervös, fragte er mich: »Fällt Ihnen nichts
auf?« – »Wir haben noch nichts genossen,« sagte ich, »was soll mir
auffallen?«. – »Haben Sie nichts bemerkt?« Er reichte mir die Speise-
karte und wartete. Ich kontrollierte die Speisenfolge noch einmal, und
nichts fiel mir auf. Schließlich riß ihm vollends die Geduld: »Haben
Sie nicht bemerkt, wie das Gasthaus heißt?« Ich blickte auf die Speise-

EUGENE LE DELEY: VAMPIR VON
NOTRE-DAME. POSTKARTE. UM
1910. RÜCKSEITE MIT GRUSS
WALTER BENJAMINS AN SIEGFRIED
BERNFELD VOM SEPTEMBER 1913.
LIBRARY OF CONGRESS,
WASHINGTON

PARIS — Notre-Dame - Bêtes d'amortissement à la balustrade des

karte und sah: der Gastwirt hieß Arnoux. Ich meldete ihm den
Befund. »Na und,« sagte er, »fällt Ihnen immer noch nichts dazu
ein?« Ich fühlte mich durchgefallen. Ich war dieser Prüfungsfrage
nicht gewachsen. »Erinnern Sie sich nicht, wer Arnoux heißt? Arnoux
ist doch der Name der Geliebten von Frédéric, eine der Hauptfiguren
der Education Sentimentale!« Von dieser Enttäuschung, die ich ihm
zugefügt hatte, erholte er sich erst nach der Suppe, und das Tischge-
spräch dieses unseres Tages war natürlich Flaubert.

*Zu den Gestalten, die in Benjamins Zuneigung schwankten, gehörte
der Dichter und Literaturhistoriker Werner Kraft, der seine Passion
für vergessene Vorgänger auf der eigenen Denkspur teilte.*
Ich halte es für besser, daß wir uns vor meiner Abreise nicht mehr
sehen. So sage ich Ihnen mit diesen Zeilen herzlich Lebewohl. [...]
Darf ich Sie bitten, die Bücher (drei Bände Jochmann, der Weidlé und
die Maschinenabschrift meiner »Ideen«) bis Ende dieser Woche hier
im Hotel oder, falls Ihnen das bequemer ist, bei Herrn Rubel (XIVe –
7, Square Henri Delormel) in einem Paket für mich abzugeben! Ich
fahre Mitte nächster Woche. Anbei mein Nachruf auf Karl Kraus.
*Dieser Abschied in Briefen spricht zwischen den Zeilen eher von
einer verfehlten Nähe als von der endgültigen Entfernung.*
Indem ich Ihren bedeutenden Aufsatz über Ljesskow las – von dem
mir ein Exemplar durch den Verlag zukommen zu lassen mich Ihnen
verpflichten würde –, kam es mir in den Sinn, daß ich Ihnen noch ein
Wort über mein Verstummen schulde. Ich habe Ihr Verhalten zu mir
während meines Pariser Aufenthalts als in hohem Grade illoyal
empfunden. Möglich, daß auch ich Schuld habe, wenn Sosein eine
Schuld ist, ich mußte die Konsequenz ziehen. Leben Sie wohl!

ICH HALTE ES FÜR BESSER
    Werner Kraft, Brief an Walter Benjamin
    aus Paris vom 29. März 1937. Nachlaß
    Scholem.

INDEM ICH IHREN
    Werner Kraft, Brief an Walter Benjamin
    aus Jerusalem vom 28. August 1937.
    Akademie der Künste, Berlin.

ADRIENNE MONNIER: GISELE
FREUND. PARIS, 1936. SAMMLUNG
HANS PUTTNIES, FRANKFURT A.M.

*Es gab andere verfehlte Annäherungen,
die Benjamin nicht erwiderte, vielleicht
gerade, weil sie ihn in seinen eigenen
Intentionen irritierten. Gisèle Freund,
die auf Anregung von Norbert Elias mit
einer Sozialgeschichte der Fotografie
promovierte, hatte den Kontakt zwischen
ihrem Freund und Walter Benjamin herge-
stellt, um eine Besprechung des ersten
Bands vom »Prozeß der Zivilisation« im
Organ des Instituts zu erreichen. Kein
leichtes Ziel, wenn man die Rivalitäten
mitbedenkt, die aus den Frankfurter
Tagen in die Emigration gerettet worden
waren: die Soziologen der Mannheim-
Schule und die Sozialforscher des Instituts teilten zwar einmal das Gebäude an
der Victoria Allee, aber nicht die Balkonaussicht auf das Proleta-
riat. Benjamin hatte deshalb den Rezensionswunsch mit einem eleganten Brief pariert, den Elias nur allzugern mißverstand.*

Es gibt da ein Mißverständnis: Abgesehen von den einleitenden
Bemerkungen, die Sie kennen, enthält meine Arbeit im zweiten Band
so wenig wie im ersten methodologische Betrachtungen. Wie sich der
erste Band in der Hauptsache mit bestimmten konkreten psychischen
Prozessen beschäftigt, so befaßt sich der zweite Band mit konkreten
gesellschaftlichen Prozessen, die jene psychischen in Gang setzen. Mir
scheint, daß besser als alle methodologischen Auseinandersetzungen
– von denen wir, ich bin sicher, Sie und ich sind in dieser Hinsicht

ES GIBT DA EIN MISSVERSTÄNDNIS
Norbert Elias, Brief an Walter Benjamin
aus London vom 3. Juni 1938. Detlev
Schöttker, »Norbert Elias und Walter
Benjamin. Ein unbekannter Briefwechsel
und sein Zusammenhang«, Merkur 473,
42. Jg., Heft 7 (Juli 1988), S. 594 f.

kaum verschiedner Meinung, in Deutschland mehr als genug gehabt haben – zeigt die Praxis, die konkrete Forschungsarbeit, wes Geistes Kind jemand ist. Und ich bin ein wenig erstaunt zu sehen, daß Sie mein erster Band im Zweifel darüber läßt. Ich hätte es nicht für möglich gehalten, daß man in ihm ein Beispiel »idealistischer« Geschichtsauffassung sieht. [...]

Ich wollte eine klare Methode und ein unzweideutiges Material finden, das die bisher vorherrschende statische Betrachtung der psychischen Phänomene überwindet. Wer wie Sie und ich selbst das Bild des klar strukturierten Gesellschaftsprozesses niemals aus dem Auge verliert, kann sich mit einer solchen statischen Betrachtung des Psychischen, wie sie heute noch bei den allermodernsten psychologischen Strömungen vorherrrscht, nicht zufrieden geben. Was immer man unter »Dialektik« verstehen mag, dieses Wort geht darauf aus, die Ordnung, die Struktur, die Gesetzmäßigkeit der gesellschaftlichen Veränderungen wiederzugeben. Zu zeigen, daß der Aufbau des Psychischen der gleichen Ordnung unterliegt, ist die Aufgabe dieses ersten Bandes. Diese Aufgabe ist heute erst von ganz wenigen Menschen gesehen – darunter zum Beispiel von Erich Fromm –, geschweige denn in Angriff genommen worden. Das ist der Grund, aus dem ich mich an Sie mit der Bitte um eine Besprechung gewandt habe.

Ich war sicher, daß Sie zu den Menschen gehören, die kompetent sind, über ein solches Buch zu urteilen. Es ist ein Mißverständnis, wenn Sie glauben, es handle sich um eine kulturhistorische Arbeit und Kulturhistoriker seien besonders befähigt, sie zu verstehen. An der Unterscheidung von »Zivilisation« und »Kultur« ist schon etwas dran. Und ich habe Beispiele dafür, daß Kulturhistoriker, gewohnt

EIN ELEGANTER BRIEF

»Mir war das von Ihnen vorgelegte Material ganz unbekannt, es illustriert Ihre Darlegungen in ausgezeichneter Weise. [...] Die Belege, die Sie beibringen, sind zum Teil außerordentlich fesselnd. [...] Ich möchte, ehe ich Ihr Buch anzeige, die Entwicklung Ihrer Position umso lieber abwarten, als ich für die pragmatischen Ausführungen Ihres Werkes nicht sehr kompetent bin.« Walter Benjamin, Brief an Norbert Elias vom 13. Mai 1938. Schöttker, S. 593.

das »Wesentliche« der Geschichte in der Sphäre des Geistes und der Ideen zu sehen, mit einem sehr geringen Verständnis auf diesen Versuch zu einer geschichtlichen Psychologie blicken, in dem von so simplen Dingen wie Essen, Schnäuzen und von den elementarsten menschlichen Trieben die Rede ist.

Vor allem aber kam es mir nicht – wie sooft dem Kulturhistoriker – auf die einfache Sammlung geschichtlicher Data an, sondern auf die Demonstration sozialpsychologischer Strukturen, von denen sich unzweideutiger als es bisher möglich war, die Brücke zu den gesellschaftlichen Strukturen schlagen läßt. Noch einmal also: Ich würde mich sehr freuen, wenn Sie sich die Mühe machen könnten, diesen Band meiner Arbeit in der »Zeitschrift für Sozialforschung« anzuzeigen. Wenn Sie das nicht gerne möchten, lassen wir die Angelegenheit auf sich beruhen. Mit Erich Fromm bin ich seit langem außer Kontakt. Und Sie werden es verstehen, daß ich dieses Buch in keinem Falle zur Besprechung in die Hände eines nicht kompetenten Menschen geben möchte.

Geringer, aber unleugbar präsent war die Distanz, die Benjamin zwischen seinen und den Interessen des Instituts für Sozialforschung spürte. Er konnte sich tagelang nicht über die Form beruhigen, in der seine Manuskripte manchmal in Satz gingen, und so muß er mit großem Interesse die Eindrücke aufgenommen haben, die Scholem auf seiner Amerika-Reise 1938 von den Mitgliedern des Instituts gewinnen konnte. Dabei war der Freund noch so taktvoll, ihm sein wahres Urteil nicht ungeschminkt zukommen zu lassen. In seinem Nachlaß fand sich erst der folgende Briefentwurf.

»Von den Leuten des »Instituts« habe ich nur Wiesengrund näher kennen gelernt, mit dem ich oft zusammen war. Mit Horkheimer bin ich über die höflichste Berührung nicht hinausgekommen, was auf gegenseitiger Antipathie beruht haben muß. [. . .] Die Leute sind alle sehr intelligent und alle ein bißchen unreell. Die Frage ist nur, ob sie damit ihrer Intelligenz oder ihrer gesellschaftlichen Lage einen Tribut entrichten«. Gershom Scholem, Brief an Walter Benjamin vom 6.– 8. November 1938. Walter Benjamin / Gershom Scholem, Briefwechsel 1933 –1940. Frankfurt a. M., S. 284 f.

THEATRE DISPLAY STUDIO: MAX HORKHEIMER, ROSA HORKHEIMER, FELIX WEIL, EINE UNBEKANNTE UND FRIEDRICH POLLOCK (VON LINKS) ZUM DINER BEI »CIRO'S« IN HOLLYWOOD, 4. AUGUST 1945. MAX HORKHEIMER ARCHIV, STADT- UND UNIVERSITÄTSBIBLIOTHEK, FRANKFURT A. M.

Wenn Du mich fragst, was ich letzten Endes von diesen Leuten denke, mit denen Du Dich da verbunden hast, so will ich Dir meine geheime Überzeugung nicht vorenthalten: diese Leute sind Onanisten des Geistes – ein Ausdruck, für den ich nicht einmal Urheberrecht beanspruchen darf. Denn ich habe ihn in einem Tagebuch von Moritz Steinschneider gelesen, dem Großvater von Gustav und Karl, das noch nicht lange veröffentlicht worden ist. Diese Geistesonanie mag zu Zeiten vergnüglich sein, aber sie ist eben unfruchtbar, und wenn sie Früchte hat, so sind sie, wie schon die alten Kabbalisten herausbekommen haben, dämonischer Natur, wie so vieles bei den sogenannten marxistischen Geistigen, von denen das Institut ja wimmelt. Dieser Dämonie vermag ich keinen Respekt entgegenzubringen, obwohl sie ja auch eine recht jüdische ist, mit der ich mich ja sonst eigentlich sozusagen professionell beschäftige, wie das in einigen meiner Schriften angedeutet ist.

WENN DU MICH FRAGST
  Gershom Scholem, Entwurf eines Briefes
  über das Institut für Sozialforschung.
  November 1938. Nachlaß Scholem.

Kaum bekannt ist Benjamins Literaturdienst für den inneren Kreis der Institutsmitarbeiter. In lockeren Abständen schrieb er über drei Jahre bis kurz vor seinem Tod eine Art Journal mit kritischen Anmerkungen zu französischen Neuerscheinungen, das in New York wohl immer am sehnlichsten von all sein Sachen erwartet wurde. Im folgenden Brief scheint Horkheimer eine ausgebliebene Nummer dieser exklusiven Literaturzeitung anzumahnen, und er sagt auch warum: Benjamins Berichte über Céline und Claudel, Michel Leiris und Bataille wurden auch von den Kollegen an der Columbia Universität gern gelesen.

Sie können sich sicher vorstellen, wie sehr wir hier wünschen, daß Sie Ihre Gesundheit wiederherstellen und Ihre Arbeiten fortsetzen können. Was Letztes anbelangt, so hat uns die Idee einer vergleichenden Studie der »Confessions« und des »Journal« begeistert. Wollen Sie sich wirklich auf einen solchen Artikel einlassen, bevor Sie zu Baudelaire zurückkehren? Wenn ja, dann könnte sich unsere Zeitschrift nur dazu beglückwünschen. [...] Der Artikel über Gide und Rousseau wird dann, falls er fertig ist, in der ersten Nummer des Jahres 1940 erscheinen, die wahrscheinlich Anfang des Sommers herauskommt. Angesichts der außergewöhnlichen Zeiten haben wir sogar überlegt, ob es nicht besser wäre, die Zeitschrift für 1940 in einen Band zu verwandeln, der alle Beiträge und die gesamte Bibliographie enthalten würde. Aber das ist alles nicht sehr eilig, weil das Manuskript der Nummer 3 des Jahrgangs 1939 noch in unseren Händen liegt.

Ich darf sie noch um einen anderen Dienst bitten. Könnten Sie die Berichte über die französische Literatur fortsetzen, die Sie in den letzten Jahren freundlicherweise übernommen hatten? Sie wissen sehr gut, daß unsere Kollegen und vor allem ich selbst gerade wegen dieser

SIE KÖNNEN SICH
Max Horkheimer, Brief an Walter Benjamin
vom 22. Dezember 1939. Akademie der
Künste, Berlin. Aus dem Französischen.

Berichte nie den Kontakt zu den wissenschaftlichen und literarischen Aktivitäten Frankreichs verloren haben. Die Aufmerksamkeit, die wir hier in Amerika den literarischen Ereignissen in Europa widmen müssen, ist heute schwieriger zu erbringen und zugleich wichtiger als in Friedenszeiten. Ich spreche also in meinem Namen und im Namen vieler Kollegen unserer Universität, wenn ich Ihnen sage, daß Ihre Berichte uns kostbarer sind als je zuvor.

Als Benjamin bei Kriegsausbruch interniert wurde, setzte sich vor allem Adrienne Monnier für seine Freilassung ein. Um diese literarisch hochbegabte Buchhändlerin hatte sich ein Kreis gebildet, in dem Benjamin die einzige französische Öffentlichkeit während der Exilzeit fand. Adrienne, die eng mit Gisèle Freund befreundet war, schätzte Benjamin sehr und öffnete ihm auch ihre »Gazette des Amis des Livres«.

GISELE FREUND. ADRIENNE MONNIER. PARIS, 1938

Ich schicke Ihnen heute die Bände zu, um die Sie Helen Grund gebeten haben. Unsere gute kleine Fee Bryher hat einmal mehr Gutes getan. Glücklicherweise, denn Helen, Gisela und ich, wir sind sehr arm. Um wieder aufmachen zu können, habe ich bei meiner Familie ein

ICH SCHICKE IHNEN
Adrienne Monier, Brief an Walter Benjamin vom 26. Oktober 1939. Akademie der Künste, Berlin. Aus dem Französischen.

ADRIENNE MONNIER
»Walter Benjamin war ein wahrer, ein großer Jude, ein Weiser Israels. Seine Haltung gegenüber dem Marxismus erinnert in gewissem Sinn an die des Rabbi Menachem, der am Tag, an dem ein Irrer in das Horn auf dem Ölberg stieß – und das erschreckte Volk aufschrie und von der nahen Erlösung sprach – sein Fenster öffnete, heraussah, und beim Wiederschließen erklärte: »Wie ich sehe, hat sich nichts verändert«. Adrienne Monnier, »Note sur Walter Benjamin«, Mercure de France, Nr. 315 (1952), S. 454. Aus dem Französischen.

Darlehen nehmen müssen, und dabei fürchte ich, meine Kosten nicht einspielen zu können... Mir bleibt nicht mal ein Viertel meiner Kundschaft! Ich habe heute an Benjamin Crémieux geschrieben, um ihn zu bitten, im Namen des Pen Clubs im Innenministerium zu intervenieren, damit Ihre und Kracauers Entlassung beschleunigt wird. Frau Kracauer sagte mir, daß die Aktion über ihn am sichersten sei. Hier ist alles ruhig und gemäßigt. Ich glaube, Sylvia hat Ihnen geschrieben und Sie gefragt, wie das Geld verwendet werden soll, das Bryher für Sie geschickt hat. Wir haben 300 F Ihrem Bücherkonto gutgeschrieben; sagen Sie mir doch, was wir Ihnen noch schicken sollen.

Zur gleichen Zeit erhielt er auch von Sylvia Beach eine Geldsendung, und da sie als Verlegerin des »Ulysses« genügend Erfahrung mit empfindsamen Autoren besaß, versäumte sie nicht, ihn selbst im Internierungslager über den Zustand seiner Druckfahnen hinwegzutrösten. War es aber nicht bezeichnend für seine Lage in Paris, daß sich nur einige literarische Frauen um ihn sorgten? Und daß diese Frauen als einzige seinen Rang erkannten? Die dreihundert Francs, von denen in beiden Briefen die Rede ist, waren nicht die letzten, die Benjamin von der englischen Dichterin Winifred Bryher erhielt. Erst heute habe ich Ihnen das kleine Päckchen mit Tabak und Schokolade und eine Anweisung über 300 F, die Ihnen dort vielleicht von Nutzen ist, schicken können. [...] Ich wäre sehr glücklich, könnte ich Ihren »Baudelaire« lesen, der wunderbar sein soll, wie Adrienne mir gesagt hat. Bestimmt haben Sie darunter gelitten, daß Sie die Druckfahnen nicht korrigieren konnten. Ihre Leser kennen jedoch die gegenwärtigen Schwierigkeiten und werden verstehen, daß die Fehler

ERST HEUTE HABE ICH
Sylvia Beach, Brief an Walter Benjamin
vom 4. November 1939. Akademie der
Künste, Berlin. Aus dem Französischen.

WALTER BENJAMINS BENUTZER-
KARTE FÜR DAS JAHR 1940. BIBLIO-
THEQUE NATIONALE, PARIS

nicht Ihnen anzulasten sind. Die Freunde kehren nach Paris zurück,
und wir sehen langsam wieder Leute in unseren Buchläden – vor
allem bei Adrienne. Bei Shakespeare & Co sind die französischen
Freunde nicht abgesprungen – die, die hier geblieben oder zurückge-
kommen sind – doch leider ist kein einziger Engländer oder Amerika-
ner mehr übrig (das ist leicht übertrieben – es gibt schon noch ein
halbes Dutzend). Ich hoffe, daß die Franzosen jetzt alle anfangen,
englische Literatur zu lesen.

Die dritte Freundin aus diesem Kreis, die ihm Geld und Bücher ins Lager schickte, war die Frau Franz Hessels, die als Journalistin von Modejournalen zu ihrem Mädchennamen Helen Grund zurückgefunden hatte.

Haben Sie die Notenanweisung erhalten? Sie werden auch Bücher bekommen. Man sagt mir, daß die Pakete ankommen. Ich denke ständig an Sie. Ich möchte Sie hier wiedersehen. Darf man das hoffen? […] Ihr Erfolg in Amerika bereitet mir riesige Freude. Das muß Sie mehr stärken als alles andere. Adrienne ist auch sehr erfreut darüber. Ich sehe sie regelmäßig. Sie hat ihren Buchladen wieder eröffnet. Sie ist fröhlich und fühlt sich gut. Trotz ihrer wertvollen und wirksamen Hilfe gelingt es mir nicht, mein Vorhaben, im Radio zu sprechen, auszuführen. Wir werden sehen, ich gedulde mich. Hessel ist dreimal in die Präfektur beordert worden. Es ist sehr gut möglich, daß alle Fragen, die die Ausländer betreffen, bald geregelt sein werden. Bei Herrn und Frau Anger habe ich Ihren Freund Piquard (?) getroffen, der Ihnen die wärmsten Grüße übermitteln läßt. Er war in Uniform. Paris ist schön, trotz des unaufhörlichen Regens. Das ist ein erweichender »Chopin«-Regen. Gisèle schreibt Briefe aus London. Sie sehnt sich nach Paris. Sie will zurückkommen. Die meisten meiner Freunde sind fort, auf's Land, nach Amerika. Nur noch zwei oder drei sind mir geblieben, an denen ich hänge. Ich liebe die Stille und die Einsamkeit. Wie erleichternd ist es doch, zu Hause zu sein und sich wohlzufühlen. Ich werde alles tun, um diese Wohnung zu behalten. Und ich erwarte Sie.

Aus dem großen Brief, den sie in Benjamins Todesjahr aus Sanary-sur-mer schreibt, meint man noch einmal die ungewöhnliche Wärme zu spüren, mit der sie viele Jahre zuvor Franz Hessel und Henri-Pierre Roché in ihren Bann schlug.

HABEN SIE DIE NOTENANWEISUNG
Helen Hessel, Brief an Walter Benjamin aus
Paris vom 18. Oktober 1939. Aus dem
Französischen.

ANONYM: HELEN HESSEL.
SAMMLUNG HANS PUTTNIES,
FRANKFURT A. M.

In ein paar Tagen wird es einen Monat her sein, daß wir Paris verlassen
haben. Ich übergehe alle Entschuldigungen (es gibt zu viele) und
erzähle Ihnen, wie traumhaft die Lebensbedingungen hier sind. Diese
Sonne, diese Blumen, dieses Meer, dieser Himmel! Und die Farben
und die Düfte. Das Haus, das mir weitläufig und kalt, abweisend
vorkam, wandelt sich; seine Mängel werden Tugenden, es ist ver-
schwiegen, unbestechlich. Wenn ich Sie in die Bibliothek führen
könnte, würde ich Sie bedenkenlos darin einschließen. Sie finden dort
die Griechen und die Brontés, Bände über Geschichte und Naturwis-
senschaften, Diderot und Sartre, von Shakespeare und seinen Zeitgenossen, Fletcher und Beaumont, Tauschnitz-Ausgaben und Valéry –
den ersten Autor, zu dem ich hier griff und den ich nicht mehr aus den
Händen lege. Kennen Sie seine »fixe Idee«? – Lachen Sie nicht. Man
kennt sie nicht, selbst wenn man ihn gelesen hat. Dieses Buch ist
übrigens wie die Kathedralen, von denen er sprach; deren Bewegung

IN EIN PAAR TAGEN
Helen Hessel, Brief an Walter Benjamin aus
Sanary-sur-mer (Villa Huxley) vom 9. Mai
1940. Aus dem Französischen.

im Empfinden des Betrachters, der sie umrundet, zur Ruhe kommt, im Auge desjenigen, der sie durchstreift.

Lieber Freund, ich möchte mich nicht verlieren. Genug geredet von der Bibliothek. Da ist noch der Garten und die Terrasse, auf der wir die Mahlzeiten einnehmen, unter Rosensträuchern, Feigenbäumen, umgeben von Duftwolken aus blühenden Rosengängen, die sich deutlich abheben vom Hauch unseres alten Eukalyptusbaums, der männlicher und tugendhafter ist. Die Schwalben zeigten Vertrauen in uns; sie begannen, ihre Nester in unseren Zimmern zu bauen, wir mußten ihnen zu verstehen geben, daß ihre Gewohnheiten, so bewundernswert sie auch sein mögen, nicht unseren sanitären Vorstellungen entsprechen. Sie hätten Hessel im Pyjama sehen sollen, wie er zu mitternächtlicher Stunde mit meinem Gehstock bewaffnet auf den Stuhl stieg und selbstverständlich erfolglos versuchte, ein Schwalbenpärchen zu überzeugen, seinen Platz auf der Gardinenstange aufzugeben. »Versteht doch«, redete er auf sie ein, »daß ihr es draußen besser habt, raus mit euch, ihr Starrköpfe!« Mit einem Seufzer gab er auf.

Jeden Morgen fahre ich mit dem Auto nach Sanary, um einzukaufen. Es ist schon komisch. Ich habe eine sehr nette Freundin wiedergetroffen, eine Freundin des alten Klossowski. Sie und ein junger Mann, der über viele Jahre Trappist oder Kapuziner oder was weiß ich war, sind die einzigen Menschen, mit denen ich spreche. Mir graut davor, unter die Leute zu gehen. Es gibt genug. Die Werfels sind gerade in Paris. Ich glaube, sie und Lion F. sind die führenden Berühmtheiten hier. Auf den Terrassen der Cafés gibt es schon Montparnasse zu sehen, noch nicht viel, man kann sie sogar leicht übersehen.

Wissen Sie, daß mein Brief einen Hintergedanken hat? Ich würde

Ihnen gern Lust machen, hierher zu kommen. Sie könnten ein kleines Appartement mit einem Stück Garten mieten, sich erholen, arbeiten, und von Zeit zu Zeit würde ich Sie zwingen, mir etwas vorzulesen. Auf alle Fälle schreiben Sie mir. Teilen Sie mir Ihre Neuigkeiten mit, Ihre Projekte, und was Sie vollendet haben, seit wir uns sahen. Sind Sie jetzt Weiser, Philosoph, Altruist, Optimist und all das? Mein Brief mag Ihnen den Eindruck einer glücklichen und beneidenswerten Helen geben. Leider falsch. Nach meinem Fieber (ich war krank) habe ich noch nicht den Schwung wiedergefunden, der bewirkt, daß man »bewegt«, also glücklich ist. Ich nehme die Schönheit hin, aber sie befruchtet mich nicht. Das ist traurig.

Über die Flucht und den Tod Walter Benjamins herrschte lange Zeit eine verschwommene Unsicherheit, bis die nächsten Zeugen seines Wegs Anfang der achtziger Jahre durch Gershom Scholem gesucht und befragt wurden. Einer hatte jedoch schon in Lissabon wenige Tage nach Benjamins Selbstmord einen Bericht niedergeschrieben, der sich auf die Erzählungen der Augenzeugen von Port Bou stützte. Dieser Mann war der Prager Pianist und Literat Hermann Grab. Er hatte mit dem Geld für eine Stradivari den Beste-

Benjamin sollte, wie es jetzt Tausende getan haben, »illegal« die französisch-spanische Grenze passieren. Er wurde, so viel ich informiert bin, einer Dame in Marseille gewissermaßen anvertraut, die in einer Gesellschaft von anderen Frauen diese Reise unternehmen wollte. Die Route, die sie nach Port Bou nahmen, muß sehr schwierig gewesen sein. Benjamin erlitt auf dieser höchst strapaziösen Tour einen Herzanfall. Aber er erholte sich sehr rasch, und legte den Rest dieser stundenlangen schweren Fußreise dann mit einer vitalen Energie zurück, die mir als fabelhaft geschildert wurde, er soll mit unglaub-

chungspreis für die vier Visa für seine Familie bezahlt und stand kurz vor seiner Einschiffung nach Amerika.

BENJAMIN SOLLTE
Hermann Grab, Brief an Theodor
W. Adorno aus Lissabon vom 10. Oktober
1940. Nachlaß Grab, New York.

ANONYM: WALTER BENJAMINS
LETZTES PORTRÄT AUF DEM TOTEN-
SCHEIN VON FIGUERAS.

licher Schnelligkeit und Kraft immer der Erste und weit voran gewesen sein. Dann kamen sie an die Grenze.

So viel ich weiß hatten sie allesamt Papiere, die sie als »apatrides«
charakterisierten. Ob mit oder ohne »Berechtigung« – die spanische
Behörde wollte sie nicht herüberlassen, die Grenze sei für diese »Kategorie« seit zwei Tagen gesperrt, also entweder zurück oder ins Gefängnis mit späterer Überantwortung den deutschen Behörden. Es scheint

nicht klar, ob es sich hier nicht um einen ganz speziellen Übergriff eines Einzelnen gehandelt hat, denn mir ist noch kein Fall bekannt, wo die Spanier ausliefern. Die Gesellschaft erbat sich die Möglichkeit in Port Bou zu übernachten, was gestattet wurde. Benjamin scheint noch die Idee geäußert zu haben, am Abend selbst – es war 10 Uhr – an das amerikansiche Konsulat in Barcelona zu telephonieren. Aber die Idee wurde verworfen, es war wirklich recht spät und es muß im übrigen gesagt sein, daß ein Anruf, der dann am nächsten Morgen getätigt wurde, ganz erfolglos war.

Sie gingen zu Bett und gegen Morgen hatte eine der Damen die Idee, durch den Hotelwirt die Angelegenheit mittels eines »Händedrucks« zu regeln. Als sie den Wirt suchte, wurde sie von Benjamin gerufen, der nach seiner eigentlichen Begleiterin verlangte. Diese kam und er eröffnete ihr, was er getan hatte. Es scheint Morphium gewesen zu sein. Ein Arzt, der gerufen wurde, stellte offenbar Gehirnschlag fest. Er hat noch zwei Tage in bewußtlosem Zustand gelebt und verschied am nächsten Abend.

Gegen Mittag wurden die Frauen gezwungen, zur französischen Grenze zurückzugehen. Die eine durfte bei Benjamin bleiben, die anderen wurden von einem Gendarmen eskortiert. Der Gendarm ließ sie bald allein, sie wurden dann von einem so gewaltigen Unwetter überrascht, daß sie zurückkehren mußten, sie dachten, sie kämen ins Gefängnis. Aber zur ihrem Erstaunen stellten sie fest, daß der Händedruck sich inzwischen ausgewirkt hatte. Es waren 25 Dollar pro Kopf gewesen. Sie wurden freundlich empfangen und ins Land hereingelassen. Benjamin wurde in Port Bou, auf spanischem Boden zu Grab getragen, für einen Stein soll gesorgt sein und, es heißt, daß man die Stelle finden wird.

LIEFERBARE TITEL AUS DER REIHE WERKBUND-ARCHIV

BAND 17   Z. B. SCHUHE.
          VOM BLOSSEN FUSS ZUM STÖCKELSCHUH.
          EINE KULTURGESCHICHTE DER FUSSBEKLEIDUNG.
          VON MICHAEL ANDRITZKY U. A.
          PB., GROSSFORMAT, 278 S., ÜBER 250 ABB., SONDERAUSGABE
          DM 29,80 (APRIL 1991)

BAND 18   STRÖME UND STRAHLEN.
          DAS LANGSAME VERSCHWINDEN DER MATERIE UM 1900.
          VON CHRISTOPH ASENDORF.
          PB., GROSSFORMAT, 175 S., 247 ABB., DM 48,00

BAND 19   DAS LACHEN DADAS.
          DIE BERLINER DADAISTEN UND IHRE AKTIONEN.
          VON HANNE BERGIUS.
          GEBUNDEN, LEINEN MIT SCHUTZUMSCHLAG, IM SCHUBER.
          GROSSFORMAT, 432 S., 559 ABB. U. DOKUMENTE, Z. T.
          IM DUOTON, DURCHGÄNGIG ZWEIFARBIGER DRUCK, DM 148,00

BAND 20   DESIGN IN DEUTSCHLAND 1933–1945
          ÄSTHETIK UND ORGANISATION DES DEUTSCHEN WERKBUNDES
          IM ›DRITTEN REICH‹.
          HERAUSGEGEBEN VON SABINE WEISSLER.
          PB., GROSSFORMAT, 160 S., 162 ABB., DM 48,00

BAND 21   KÜNSTLICHE KÄLTE.
          ZUR GESCHICHTE DER KÜHLUNG IM HAUSHALT.
          VON ULLRICH HELLMANN.
          PB., GROSSFORMAT, 272 S., 377 ABB., DM 48,00

BEI UNS IST AUCH DER KATALOG »BUCKLICHT MÄNNLEIN UND ENGEL DER
GESCHICHTE. WALTER BENJAMIN – THEORETIKER DER MODERNE«, HRSG. VOM
WERKBUND-ARCHIV, BERLIN, ERHÄLTLICH.
ENGL. BROSCHUR, 29,5 x 18,5 cm, 136 S., TEILW. FARBIGE ABB., DM 28,00

AUSFÜHRLICHE INFORMATIONEN ÜBER DIESE TITEL UND DAS ÜBRIGE VERLAGS-
PROGRAMM ERHALTEN SIE VOM ANABAS-VERLAG, UNTERER HARDTHOF 25,
D-6300 GIESSEN.